江蘇地方文獻叢刊

東倉書庫叢刻初編

（上）

〔清〕繆朝荃　編

聖學入門書
琅琊鳳麟兩公年譜合編
内則章句
陳安道先生年譜
潘瀾筆記
懺摩録

廣陵書社

圖書在版編目（CIP）數據

東倉書庫叢刻初編 / (清) 繆朝荃編. -- 揚州 : 廣陵書社, 2021.7
（江蘇地方文獻叢刊）
ISBN 978-7-5554-1483-4

Ⅰ. ①東… Ⅱ. ①繆… Ⅲ. ①地方文獻－匯編－太倉－清代 Ⅳ. ①K295.34

中國版本圖書館CIP數據核字(2020)第120365號

書　　名　東倉書庫叢刻初編
編　　者　〔清〕繆朝荃
責任編輯　孫語婧
出 版 人　曾學文
出版發行　廣陵書社
揚州市維揚路349號　郵編　225009
(0514)85228081(總編辦)　85228088(發行部)
http://www.yzglpub.com　E-mail:yzglss@163.com
印　　刷　無錫市海得印務有限公司
裝　　訂　無錫市西新印刷有限公司
開　　本　889毫米×1194毫米 1/32
印　　張　34.5
版　　次　2021年7月第1版
印　　次　2021年7月第1次印刷
標準書號　ISBN 978-7-5554-1483-4
定　　價　480.00圓(全二册)

出版説明

《東倉書庫叢刻初編》，繆朝荃編輯并刊印。

繆朝荃（一八四一—一九一五），字蘅甫，江蘇太倉人，清末民初藏書家。同治九年（一八七〇）優貢生。生平酷嗜典籍，光緒年間建有藏書樓『東倉書庫』，收藏善本數萬卷，爲縣内藏書之冠，張謇爲之題『清潤之曲』四字。曾彙刻《太倉舊志五種》，撰有《彭湘涵（兆蓀）年譜》《紉蘭庵文集》等。

光緒二十九年（一九〇三），《東倉書庫叢刻初編》成，由蘇州狀元陸潤庠以楷體署檢。繆朝荃在本書序言中自述云：

余弱冠以來，即喜聚書，而於鄉先輩所著搜羅尤甚，極思廣爲梓行。以集貲不易，僅成一十二種，尚有《昆山郡志》《禎譚詩話》等書，正在寫刊。適兒子穀詒於去秋病殂，傷心慘目，百事俱廢。兹姑就已梓成者作一收束，題曰《東倉書庫叢刻初編》，將所刊鄉先輩各書編次前後，并姓名考略附列於下，亦論世知人之意也。

本叢書收録《聖學入門書》三卷、《琅琊鳳麟兩公年譜合編》一卷、《内則章句》一卷、《陳安道先生年譜》二卷、《潘瀾筆記》二卷、《懺摩録》一卷、《溪山卧游録》四卷、《勿憚改齋吟稿》四卷、《勿憚改齋續稿》四卷、《清抱居剩稿》一卷、《覆瓿叢談》二卷、《卅六芙蓉館詩存》六卷共十二種太倉文人學者的遺著文獻，爲學林所稱道。

所輯各書中，《聖學入門書》和《内則章句》闡述了儒家道義和治學理念。《聖學入門書》，陳瑚輯。陳瑚，字言夏，號確庵、無悶道人、七十二潭漁父。明崇禎十六年（一六四三）舉人。入清隱居講學，門人稱安道先生。與同里陸世儀、江士韶、盛敬齊名，人稱『太倉四先生』。是書内容分爲大學日程、小學日程和内訓日程。每一課程下又細分條目，各爲疏解。强調日省敬怠、日省善過、分期考德，末附日程格式於後。《内則章句》，顧陳垿撰。顧陳垿，字玉停，號寅陽，鎮洋（今屬江蘇太倉）人。康熙舉人。精通算學、樂律等，著述頗豐。書前有《太倉州志列傳》，介紹顧陳垿生平事蹟。是書分章析句對《禮記·内則》進行解説，内容爲家庭内部父子、男女所應遵行的規範和準則。

《潘瀾筆記》《懺摩録》，彭兆蓀撰，皆關於修養領悟之作。彭兆蓀，字湘涵，號甘亭，又號懺摩，鎮洋人。貢生。年十五應鄉試即有名，然事科舉終無所遇。工詩詞、駢文，通考訂校讎之學。曾入胡可家、曾燠幕中，助曾燠選本朝《駢體正宗》，爲胡克家校刊淳熙本李善注《文選》。《懺摩録》乃其『學道初轉手時所作』。彭兆蓀在自序中稱：『佛家云懺摩，即吾儒云悔過。』他將自己的見解以及與自己想法特别契合的先賢學説彙爲一編，對於後世治學有一定的啓示作用。

《溪山卧游録》一、二卷多論畫法或抄録前人畫論，三、四卷記載其同時代畫家和友人的交游及題贈諸事，於畫理的闡述、技法的傳授頗有精義。《覆瓿叢談》一書，爲清代水陸邊防形勢及地理問題的重要文獻，具有較高的史料價值與學術價值。

叢書中還收録了年譜。《陳安道先生年譜》，又名《安道公年譜》，陳溥編。陳溥，字横山，陳瑚之孫。是譜由邑人鄒以敏參校并書諱，詳細記載了陳瑚修身、論道、講學、著述等事，兼記陳瑚論備荒、漕兑等有關時政之條陳建議。譜前有繆朝荃補纂之《陳安道先生世系》一卷。《琅琊鳳麟兩公年譜合編》，王瑞國編，王良穀校録。爲研究王世貞、王世懋的生平事蹟及學術思想提供了重要的參考資料。

《勿憚改齋吟稿》四卷、《勿憚改齋續稿》四卷、《清抱居剩稿》一卷、《卅六芙蓉館詩存》六卷，皆爲個人詩集，爲詩人有感而發，情真語摯。

遺憾的是，繆氏卒後，書庫衰微，藏書被載至滬上，其中一部分被售與湖州南潯劉承幹的嘉業堂，一部分則流落不知所終。其人其書，憑此編得以留存。

本書内容豐富，學術價值較高，有利於太倉鄉邦文化的傳承和傳播，爲研究相關學者及太倉鄉邦文化的重要參考資料。同時，東倉書庫出品的刻本，校勘、刊刻均十分精審。有鑒於此，我社特據上海圖書館藏清光緒二十九年太倉繆氏刻本影印出版，以滿足相關研究者的需要。

廣陵書社

二〇二一年六月

總目

上册

下册

蘅甫仁兄同年大人屬題

東倉書庫叢刻

元和陸潤庠

東倉書庫叢刻初編目錄

聖學入門書三卷

右陳孝廉瑚著　瑚字言夏號確菴明崇禎壬午舉人殁後私謚安道先生祀鄉賢祠

瑯琊鳳麟兩公年譜一卷

右王大令瑞國著　瑞國字子彥號書城係鳳洲尚書之從孫麟洲奉常之孫明天啟辛酉舉人國朝授廣東增城縣知縣

內則章句一卷

右顧行人陳玶著　陳玶字玉停號抱桐晚號賓

陽子康熙乙酉舉人由書館議敘授行人司行人
乞歸後薦舉博學鴻詞辭
安道公年譜二卷
右陳布衣溥著　溥字乾如號横山係安道先生
之孫
潘瀾筆記二卷
懺摩録一卷
右彭徵君兆蓀著　兆蓀字湘涵號甘亭國子生
舉孝廉方正辭
谿山臥游録四卷

右盛學博大士著　大士字蘭雪號子履嘉慶庚
申舉人山陽縣訓導
勿憚改齋吟稿四卷
勿憚改齋續稿四卷
右顧徵士師軾著　師軾字景和號雪堂諸生舉
鄉飲賓
清抱居賸稿一卷
右畢孝廉庭燕著　庭燕字念箎號雄伯咸豐乙
卯順天舉人
覆瓿叢談二卷

右吳廣文曾英著　曾英字會耆號東軒廩貢生
候選訓導
卅六芙蓉仙館詩存六卷
右張廣文曾望著　曾望字雨民號孫鄂優廩貢
生軍功保舉訓導並戴藍翎加五品銜
余弱冠以來即喜聚書而於鄉先輩所著搜羅尤甚
極思廣爲梓行以集貲不易僅成一十二種尚有崑
山郡志頑潭詩話等書正在寫刊適兒子縠詒於去
秋病殂傷心慘目百事俱廢茲姑就已梓成者作一
收束題曰東倉書庫叢刻初編將所刊鄉先輩各書

編次前後並姓氏考略附列於下亦論世知人之意
也光緒癸卯秋八月蘅甫繆朝荃謹識

聖學入門書

聖學入門書

邑後學陳敬熙署簽

光緒辛丑春二月刊竟東倉書庫叢刻之

自序

人之所同者心也心之所同者理也同此心同此理而或不同者拘於氣質之偏而牿於物欲之累也氣質物欲不同矣而可以至於同者學也蓋嘗取而譬之木之生也曲直巨細長短之不齊然而有齊之者規矩準繩而已矣人之生也智愚賢不肖之不齊然而有齊之者學而已矣學也者爲人之規矩準繩也三代以上其法大備人八歲而入小學十五而入大學蓋自王公卿士以及州閭族黨之俊秀皆莫不出於學而其所以學者又莫不出於一而無百家衆說雜揉於其閒此治化所以

日隆而人材所以獨盛也吾夫子以匹夫而師天下從其教者三千之徒蓋已衆矣而其所以訓成人而造小子者不越乎入孝出弟之數言與博文約禮之二事入孝出弟古者小學之法也博文約禮古者大學之法也然則大學小學豈非爲人之規矩準繩而作君作師之所不能外者哉秦漢而後下逮五季其統中絶宋程朱大儒輩出始尊信聖經而考訂之兼輯内則少儀諸篇以補小學之闕然後古人之教法粲然復見明興紹百王之統緒集諸儒之大成於是大小學諸書家誦戶曉而課士取人以此爲準沿習既久則又僅爲口耳餖飣

之陋習而毫無當於身心家國之際殊有悖乎朝廷建立學校作養人材之盛意噫亦可歎矣愚自崇禎丁丑始與桴亭陸子寒溪盛子藥園江子相約爲遷善改過之學時桴亭作格致編首提敬天二字竊見千聖心法愚用力此道頗得要領因定爲日紀考德法而揭敬勝怠勝於每日之首格致誠正修齊治平於每月之終自是以後同志漸廣旬有旬會月有月會講習切磋多歷年所方且以爲絕學可興而古道可復也不意巳午之交歲且洊饑蝗蝻疫癘民不聊生而轉盼之閒更有不忍見聞者矣嗟乎國家之盛衰視其人材之消長人材

之消長視其教化之興廢教化興廢之關人心生死之會也人心不死則天命流行而乾坤立人心死則天命不行而乾坤亦幾乎毀矣治亂之故豈非人心爲之哉邇愚遯跡蔚村朝夕往來得瀾上數友而吾婁諸同學往往過而問焉閒從虞嘐長者遊大約所感歎者世道人心之故所砥礪者道義名節之語始益信人同此心心同此理而人皆可以爲堯舜非虛語也乃敢有蓮社之約其一章曰父子有親君臣有義夫婦有別長幼有序朋友有信竊附於呂氏藍田文公白鹿之意以期善相勸過相規然不過大略而已尚未足以暢厥指也不

揣固陋復取大學中格致誠正脩齊治平之目條分縷析晝爲義例俾同人有所遵守而小學則本夫子孝弟數言約其大凡以附其後令遜遯二子亦從事焉合之曰聖學入門書悲夫天之生此民也使先知覺後知使先覺覺後覺也愚年方四十茫乎未有知覺而道不明德不立曉夜以思爲之且懼且恥猶幸得從諸君子之後竊聞聖人之緒餘而輯爲是書願與吾黨兢兢奉行如規矩準繩之不可廢倘有聞吾黨之風振起而昌大之者將人心可以死而復生大道可以晦而復明三代之人材可以絶而復續也不亦千古之一快也哉太倉

聖學入門書自序　三

陳瑚確菴譔

聖學入門書目錄

卷上

婦功

附善過功課格

奉行法

聖學入門書卷上

太倉陳　瑚確菴輯

大學日程

大學者初學入德之門而此日程者又入大學之門也格致誠正脩齊治平大學之條目也條之中又有條目之中又有目則此日程所載者是也學者於此能究其精微之蘊而又推類以盡其餘則以至乎聖賢不難矣

格致之學

格物者何窮理而已近而身心性情之德人倫日用

之常遠而天地鬼神之變鳥獸草木之宜皆理也考之事爲之著察之念慮之微求之文字之中審之講論之際皆所以窮理而致其知也厥凡有四曰學曰問曰思曰辨

讀聖賢書心領神會充然有得

此學之事也前言往行古人已知之理而我之所以爲格者也或曉夜討論或循序玩索或反躬體認或溫故知新其有得也必矣

讀書不能領會茫然無得

或媮惰不勤或紛紜無序或掇拾雕蟲玩物喪志皆

過也其不爲古人之糟粕也者幾希

仰觀俯察物物關心

此亦學之事也萬物皆備於我何者不當窮究先儒云一草一木皆有至理不可不察能物物而格之此合内外之道也

遇物不窮理

遇物而不存心則冥然無覺矣與盲瞶何以異

虚懷好問

此問之事也問官問禮聖人且然況下此乎能就正有道能詢於芻蕘則人將輕千里而來告之以善矣

不能好問

或妄執已見或諱疾忌醫或恥於下問皆非求益者也

一動一靜刻刻反求事事精察

此思與辨之事也反求者思也精察者辨也既學與問又必思之辨之所以擇善而爲行之之地也當於一動一靜之間反而求之如君子之所謂九思者而卽詳辨其何爲敬何爲怠何爲善何爲惡何爲義何爲利何爲中庸何爲過不及而不使有毫釐之差焉則於天下之事可以明其理而無所疑矣

悠忽終日不反求精察
察理不精倘有非禮之禮非義之義而況不加察乎
其過有所不免矣

誠意之學

誠意者人禽之關君子小人之所繇分也其要只在
謹獨能謹獨則自慊也君子也人也不能謹獨則自
欺也小人也禽也厥凡有二曰好善曰惡惡
發一善念能培養擴充
此好善之事也惻隱羞惡辭讓是非之心隨感而見
者人皆有之當念即能實用其力培養而擴充之則

參天地而贊化育皆於是乎出矣
發一善念不能培養擴充
善端偶發道心也微者也不能充之亦終必亾而已
矣
發一惡念能克治決去
此惡惡之事也幽暗之中細微之事忽舉一念不可
與天知忽作一想不可與人見皆惡也能謹之於此
而不使其潛滋暗長焉則善矣
發一惡念不能克治決去
察惡未盡雖善必粗故好仁者又必惡不仁徒好仁

而不惡不仁則有陷於不仁而莫之覺者生於其心害於其事其過可勝道邪

無所爲而爲

所謂當理而無私心者也

有所爲而爲

如爲名爲利之類是也爲名而爲善名不至則善衰爲利而爲善利不歸則善沮皆自欺之弊也眞能好善惡惡者必不出此申而舉之又所以丁甯之也

正心之學

心統性情者也操則存舍則亾厥凡有二曰存養曰

省察

終日終夜戒慎恐懼使此心湛然天理

此存養之事也喜怒哀樂未發之時萬理已具終日終夜嘗存敬畏操而存之然後靜虛動直可以通天下之故矣

不能戒慎恐懼使此心放而不求

人心一息斷絕卽與天地不相似放而不求則將肆欲妄行而爲無忌憚之小人矣可不戒哉

物來順應不以喜怒哀樂動心

此省察之事也誠意之省察察其善不善也正心之

省察察其過不及也事物之來隨感而應喜不至溢樂不至荒哀不至傷懼不至喪怒不至遷愛不至溺則發皆中節而無過不及之病矣事未來無期待事已去無縈擾則能不動其心矣

不持其志以喜怒哀樂動心

心有主然後能不動不持其志則心無主矣因喜而動繼之以溢因樂而動繼之以荒因哀而動繼之以傷因懼而動繼之以溺以至未來期待已去縈擾皆過也

夢寐之中持敬不懈

程子曰人於夢寐間亦可卜所學之淺深省察至此微乎微乎

夢寐之中操存不及

夢寐顛倒卽是心志不定操存不固能正心者無之

脩身之學

君子無不敬也敬身爲大言有物行有恒所以脩身也厥凡有四曰威儀曰言語曰服食曰起居

動容周旋整齊嚴肅無不中禮

此威儀之事也持其志者又當無暴其氣制之於外所以養其内也中禮如足容重手容恭頭容直色容

莊坐如尸立如齊非禮勿視非禮勿聽周旋中規折旋中矩之類是也

動容周旋輕浮敖惰不中乎禮

足容不重或趨或蹶手容不恭擎拳攘臂頭容不直或岸冠脫幘或搖首側耳色容不莊或遽色或作色或强顔呈媚坐不如尸箕踞交股立不如齊跛倚履閾以至目視惡色耳聽惡聲對天地日月鬼神聖賢裸裎唾涕呼盧六博之類皆過也衆人忽之有道者勉焉

脩辭立誠非法不道

此言語之事也慎言語所以養德也言必忠信不多言不茍言不妄言欺人以至戲言能訕邪言能默揚人善隱人惡則古昔稱先王之類皆善也

言不忠信失口於人

傷易則誕傷煩則支言之失也或詖辭或邪辭或淫辭或遁辭以至勦說雷同便佞欺僞稱人惡毀人善引喻不倫抑揚失實謔浪詈罵及編歌造謠之類皆不忠信之過也

衣服飲食有節

此服食之事也二者皆所以養身然有節焉紅紫不

爲囊服絺綌不使見體饐餲不食餒敗不食不爲酒困之類此聖人之節也衣敝如新履穿無垢斷齏畫粥嘗齩菜根之類此賢人之節也學者愼之

衣服飲食恣其所欲

恥惡衣惡食學者之大病善心不存蓋繇於此如衣服不衷冠履奇詭放飯流歠貪饕異味縱飲深夜之類皆過也

起居有常

此起居之事也君子所其無逸夙興夜寐蓋其常也

起居無常

如晏起早臥晝處內室之類志氣昏惰敎無所施矣

戒之哉

節欲以養身

謂閨門衽席之間凡疾風暴雨晦朔寒暑之候大喜

大怒遠行醉飽之餘皆當遠而戒之也他若漁色比

頑則又君子所必不爲不必兢兢致戒矣

不節欲以致疾

好色則心志蠱惑不能精明强固疾必因之此亦在

起居之列而復申言之者以養身係此爲尤重也

齊家之學

家難而天下易非以情勝理卽以義斷恩過與不及皆非也齊家之道正倫理篤恩義而已厥凡有六曰事父母曰友兄弟曰正妻妾曰教子孫曰睦宗族曰御奴婢

冠婚喪葬祭祀燕享能率家人以古禮自持

此言其大綱也齊家者齊之以禮而已冠婚喪葬祭祀燕享家禮之大者也酌古而不駭俗準今而不趨時文質得中奢儉合宜則善矣

冠婚喪葬祭祀燕享不能循禮

事之無害於義者從俗可也害於義則不可從也風

俗頽敝古制蕩然如冠不父命婚不親迎乘喪嫁娶治喪酒肉信任風水葬不以時五祀廢墜祭祖宗不先期齋戒任用師巫邪說非鬼而祭燕飲賓客備陳水陸之類習俗因之以爲固然皆君子之所當矯正者也

善事父母諭親於道

此事父母之事也不得乎親不可爲人不順乎親不可爲子善事父母得親也諭親於道順親也善事父母謂如冬溫夏凊昏定晨省愉色婉容服勞奉養出告反面承顏順志體親勞逸撫親疾痛無私貨無私

畜親愛亦愛親敬亦敬之類皆善也諭親於道謂如贊親行善勸親改過下氣怡色柔聲以諫三諫不聽號泣而隨之類善之大者也

不善事父母不能諭親於道

不善事父母謂如定省失節唯諾不謹奔走不恪湯藥不嘗私財私貨不守成業狎恩恃愛徑行自遂之類皆過也不能諭親於道謂如親善不能贊成親過不能諫止阿意曲從陷親不義或責善而離或激成親過以至徒知祿仕不能義養之類過之大者也

兄弟怡怡有情有義

此友兄弟之事也兄友弟恭讓地讓産饑寒相恤有無相通同心竭力不爲讒説所間皆善也互爲師友相尊以道善之大者也

兄弟相猶

兄弗友弟弗恭或爭長競短或憂患不恤或貧富相忌或異母相嫌或妻子離間或挑釁鬩牆皆過也惡養天倫過之大者也

教諭妻妾

此正妻妾之事也夫婦居室天命流行不昵情而狎不執拗而乖相對肅雍如賓如友或隨事勸勉使孝

舅姑和妯娌安井臼樂糟糠權不內操言無出閫不私自歸甯不入廟燒香不親近六婆皆善也

不教諭妻妾

素無身教致婦德不順或閨閫譊浪或婦言是聽或暴戾反目或縱婦女入寺燒香往來出入或愛妾虐妻或寵婢奪嫡皆過也

教訓子孫

此教子孫之事也令子孫安分循禮奉公守法以至慎擇師友禁絕匪人之類皆善也嚴立家訓世世守之使之遷善改過希聖希賢善之大者也

不敎訓子孫

謂如簡慢師友縱子孫不修禮法比暱匪人讓短匿非之類皆過也

敦睦九族

此睦宗族之事也禮貌恭謹情好款至勤燕享息爭訟皆善也行義莊以養之立宗法以敎之善之大者也

不敦睦九族

宗族之初一人之身也而或言語相侵貧富相奪尊卑無統長幼無禮亦過矣

善御婢僕

此御奴婢之事也女子小人最爲難養莊以涖之慈以畜之而已恤其饑寒時其勞逸不妄笞朴不涉詈駡皆善也家法謹嚴禁戢爲非善之大者也

不善御婢僕

彼亦人子也虐而使之過也或縱之爲惡或畜歌童或養豔婢過之大者也

治平之學

一命之士存心利物必有所濟故不必有天下國家者然後有治平之責也上下四旁事事絜矩物物得

所治平之學在其中矣厥凡有四曰事君曰交友曰仁民曰愛物

進盡忠退補過盡事君之道

此事君之事也盡忠補過謂如夙夜勤勞清廉奉法出使四方不避艱險不立朋黨不畏強禦犯顏諫諍進賢退佞以至守疆固圉殺身成仁之類卽至出處以正進退不苟不把持官府不屬託公事不避差徭不逋稅課之類皆善也

不能盡忠補過不盡事君之道

謂如長君逢君非道事君始進欺君遷轉欺君貪位

固寵貪酷疲軟敖上凌下把持屬託以圭遲完國課脱漏差徭之類皆過也

善相勸過相勉盡朋友之道

此交友之事也責善朋友之道也能風雨不渝生死無二久而能敬緩急相通羣居有禮聚飲有節救患分災勸善懲過皆善也

不能善相勸過相勉不盡朋友之道

謂如勢交利交面是背非緩急不救有無不通存亡易心初終渝盟游談聚處留連酒食幸人有過忌人爲善之類皆過也

汎應曲當使人各得其所

此以下皆仁民之事也汎應曲當謂老者安之少者懷之不侮鰥寡不虐無告救人一命全人一嗣蠲逋巳責排難解紛予人衣食濟人藥餌周人之急拯人之難交易公平遇事方便以至掩骼埋胔之類皆善也

不能汎應曲當使人不得其所

謂如不愛老不矜少侮鰥寡虐無告交易不公借貸厚息見人急可周不周遇人難可救不救自擇己利不行方便之類皆過也

爲地方興大利除大害

興利謂如建議蠲租開屯治水擇一賢吏薦一善人興一善政之類除害謂如去一積弊戮一大奸除一大盜誅一亂首之類皆善之大者也

見地方大利大害可爲不爲

時勢權力可興利而不興利可除害而不除害是所謂越人視秦人之肥瘠欣戚不以動其心也天下陰受其害而莫之覺矣過孰甚焉

勸人行善改過

仁民之法養先於教仁民之功教大於養故君子與

人爲善之念無日忘之也勸人行一善改一過殆甚於以身爲之矣不亦善乎

見人善過可勸不勸

人有善過可勸而不勸此所謂可與言而不與之言者也過也阻人之善成人之過則又過之大者也

明先聖之道繼往開來興起絕學

先聖之道堯舜禹湯文武周公孔孟以來相傳不易之道也既爲先知則以此覺後知既爲先覺則以此覺後覺所謂自明其德推以及人使之皆明其德善之大者也

背先聖之道以左道曲學惑世誣民

索隱行怪欺世盜名左道邪術驅神役鬼皆聖人所不爲也使尊崇其教以之惑世而誣民其害甚矣

著述有關世教有益於天下國家

或著書立言發先聖之未發或編輯經傳集諸儒之大成此皆功在萬世澤及人心善之大者也

創造淫辭邪說壞亂風俗

如淫詩豔曲及譏侮聖賢誹謗國是之書流傳後世足以蠱人心志壞人學術顛倒人是非過莫大焉

能盡物性恩及禽獸

此愛物之事也人物之生同本乎天好生天地之德也如釣而不綱弋不射宿魚禁鯤鮞鳥翼鷇卵啓蟄不殺方長不折以至敝帷埋馬敝葢埋犬無故不殺無故不食見生不忍見死聞聲不忍食肉之類皆善也

不能盡物之性殺傷物命

謂如焚林而田竭澤而漁掩羣覆巢以至見生而食聞聲而食取物不順時令無故殺戮犬豕拔一草折一木之類皆過也

敬　晨起　午前
午後　燈下
怠　善
日　過

敬　晨起　午前
午後　燈下
怠　善
日　過

敬　晨起　午前
午後　燈下
怠　善
日　過

敬　晨起　午前
午後　燈下
怠　善
日　過

敬　晨起　午前
午後　燈下
怠　善
日　過

敬晨起午前
午後燈下
怠善
日過

敬晨起午前
午後燈下
怠善
日過

敬晨起午前
午後燈下
怠善
日過

敬晨起午前
午後燈下
怠善
日過

敬晨起午前
午後燈下
怠善
日過

敬晨起　　午前
午後　　燈下
怠善
日過
敬晨起　　午前
午後　　燈下
怠善
日過
敬晨起　　午前
午後　　燈下
怠善
日過
敬晨起　　午前
午後　　燈下
怠善
日過
敬晨起　　午前
午後　　燈下
怠善
日過

格致之學　誠意之學

正心之學　脩身之學

齊家之學　治平之學

光緒庚子東倉書庫刊　光州後學吳鏡沆助貲

聖學入門書卷上　同里後學繆朝荃編校

聖學入門書卷中

太倉陳　瑚確菴輯

小學日程

古者小學教人以洒埽應對進退之節事親取友隆師敬長之道詩書六藝之文夫子入孝出弟數言足以盡之矣今約其大凡定爲日程較之大學條例則簡而明簡則可守明則易從所以便幼學也使爲師者以此教而爲弟子者以此學焉亦可以養正而爲作聖之基矣

入孝之學

愉色婉容

不愉色婉容

親召無諾

親召諾

順親敎令

不順親敎令

父坐子立

父立子坐

出告反面

出不告反不面

視親寒煖撫親疾痛
不視寒煖不撫疾痛
爲親服勞
不爲親服勞
敬親杖屨
不敬親杖屨
舉足動容不忘父母
毀傷其身忘其父母
愛親之愛敬親之敬
不愛親愛不敬親敬

出弟之學

敬伯叔

不敬伯叔

兄弟相讓

兄弟相猶

徐行後長

疾行先長

言不先長

言先長者

敬父之執

不敬父教

謹行之學

心術端正

心術不正

不恥惡衣惡食

恥惡衣惡食

志氣堅强

志氣昏惰

心定神清

心粗氣浮

足容重
足容不重
手容恭
手容不恭
坐如尸
坐不如尸
立如齊
立不如齊
揖讓無失儀
揖讓失儀

飲食致謹
放飯流歠
夙興夜寐
早卧晏起
不好戲弄
戲弄無益
信言之學
言必忠信
言不忠信
非法言不道

言不及義

不多言笑

苟言笑

應對無失

應對有失

親愛之學

敬事師長

不敬師長

親益友

不親益友

遠匪人

不遠匪人

朋友責善

羣居無禮

善撫奴婢

不恤奴婢

文藝之學

終日勤學

終日閒曠

讀書專心

讀書不專心

作字楷正

作字不敬

習藝存心

習藝不存心

作課專心

作課放心

有疑思問

有疑不問

聽講專心

聽講不專心

敬重書籍

不敬書籍

敬　晨起　午前
午後　燈下
怠　善
日　過

敬　晨起　午前
午後　燈下
怠　善
日　過

敬　晨起　午前
午後　燈下
怠　善
日　過

敬　晨起　午前
午後　燈下
怠　善
日　過

敬　晨起　午前
午後　燈下
怠　善
日　過

敬晨起　午前
午後　燈下
怠善
日過

敬晨起　午前
午後　燈下
怠善
日過

敬晨起　午前
午後　燈下
怠善
日過

敬晨起　午前
午後　燈下
怠善
日過

敬晨起　午前
午後　燈下
怠善
日過

敬　晨起　午前
午後　燈下
怠　善
日　過

敬　晨起　午前
午後　燈下
怠　善
日　過

敬　晨起　午前
午後　燈下
怠　善
日　過

敬　晨起　午前
午後　燈下
怠　善
日　過

敬　晨起　午前
午後　燈下
怠　善
日　過

入孝之學　出弟之學

謹行之學　信言之學

親愛之學　文藝之學

論日省敬意

君子莊敬日强安肆日偷小學不繇乎敬則無以涵養本原而謹洒埽應對之節與詩書六藝之敎大學不繇乎敬則無以開發聰明進德修業而致明德新民之功敬之一字聖學之所以成始而成終者也有內敬主一無適是也有外敬整齊嚴肅是也有靜時之敬戒愼不覩恐懼不聞是也有動時之敬喜怒哀樂發皆中節是也有一日之敬終日乾乾夕惕若是也有一息之敬終食之閒不違仁是也有統體之敬欽明恭己聖敬日躋緝熙敬

止是也有物物之敬足容重手容恭非禮勿視聽非禮勿言動是也先儒曰敬勝百邪入小學者一日之中時時若父母之訓誨師保之提撕入大學者一日之中時時若上帝之汝臨鬼神之來格豈非所謂一敬立而萬善從之者乎故宵有善而未必敬者矣未有敬而不善者也學者誠繇是而用力焉則庶乎近道矣

論日省善過

君子敬以直內義以方外遷善改過此君子集義之學也顏子得一善則拳拳服膺有不善未嘗不

知知之未嘗復行所以爲聖人之亞子路人告之以有過則喜所以爲百世之師古之聖賢下學而上達未有不從事於遷善改過者也或曰儒者分卑而力微無善可爲亦無過可紀奈何曰人之爲善非必有所矯揉造作而爲之也善過無他是非而已但於一動一靜之間存心察之何者爲是是卽爲善何者爲非非卽爲過則善過將有不可勝道者矣況天下之理無有介於善不善之間者一出乎善卽入乎過而又何善之無可爲何過之無可紀哉然善過一也有似重而實輕似輕而實重

者有本爲善而有爲而爲反可爲過有本爲過而
觀過知仁反可爲善者卽此便可窮理卽此便可
精義此又存乎吾心之權衡臨事之裁斷能用力
於此者當自知之

敬怠紀法

每日以十分爲率存一分敬卽去一分怠如敬三
則怠七敬四則怠六是也

善過紀法

每日先分四格自寅至酉約三時爲一格内紀所
讀何書所作何事閒過者書一曠字後分二格以

一格紀善一格紀過皆量其分數而書之曰若干

善若干過

總結法

每半月一結自考其進退如何其法分爲四等曰大進曰少進曰大退曰少退格致學進則於格致下書之誠意學進則於誠意下書之退倣此小學亦如之

奉行法

先期齋戒三日焚香告天隨置一簿編次年月每日臨臥詳記所爲明注善過不得欺隱不可間斷

半月一小比歲終一大比仍齋戒告天考其善過多寡自知罪福不必更問休咎

光緒庚子東倉書庫刊　　光州後學吴鏡沆助貲

聖學入門書卷中　　同里後學繆朝荃編校

聖學入門書卷下

太倉陳　瑚確菴輯

內訓日程

夫婦人倫之本也君子之道造端乎此故特立內訓條目以爲正家之要焉

婦德

孝順舅姑一日爲一善

不順舅姑一事爲五過大事酌益之

舅姑有過逆施順受一事爲五善盡誠感格爲百善

舅姑有過不能順受爲五過激怒爲百過

得飲食奉舅姑爲一善

私自飲食爲三過

能奉祭祀粢盛豐潔一次爲十善

祭祀之日不親理蘋蘩一次爲十過

閨門肅雍敬事夫子一日爲一善

狎昵無禮一事爲一過

凡事請命夫子柔順和婉一事爲一善已有失夫子正之能歡欣聽從一事爲五善

有事不請命夫子一事爲十過不從正言執拗違拂一次爲十過

教子以正一事爲一善

偏愛姑息一事爲一過

待妯娌姑妐和睦愛敬一事爲一善

猜忌相讒一事爲十過

待内外遠近親戚辨而有禮一事爲一善

或濫或吝不分等殺一事爲一過

善待婢僕一事爲一善

不善待婢僕一事爲一過

能甘澹泊一次爲一善

不甘澹泊一次爲一過

取與有節一事爲一善
取與無節一事爲一過
夢行善事爲一善
夢行不善爲一過

婦言

寡言寡笑語默得宜一日爲一善
多言多笑一次爲十過
勸夫子讀書行善一言爲一善
駕虛妄言熒惑丈夫一言爲五十過大事倍之呪詛
罵詈一言爲百過丈夫爲三百過舅姑其過無量

婦容

端莊靜好舉止安詳一日爲一善不施脂粉一日爲一善

暴怒躁急一次爲十過輕佻失儀一次爲十過輕露頭面出行中堂一次爲五十過不問舅姑夫子歸甯母家及內兄弟家爲三百過諸親戚家爲五百過

粗布衣服一次爲一善

衣服必求美麗一次爲五過不惜衣服一次爲一過

婦工

操作勤苦一日爲一善

懶惰一日爲十過閒立閒走閒話一次爲一過

蚤起晏眠一日爲一善

晏起蚤眠一日爲一過

紡織中饋精工整潔一次爲一善

惰慢苟且一次爲一過

日	日	日	日	日	日	日	日	日	日
善	善	善	善	善	善	善	善	善	善
過	過	過	過	過	過	過	過	過	過

日
善
過
日
善
過
日
善
過
日
善
過
日
善
過
日
善
過
日
善
過
日
善
過
日
善
過
日
善
過

日善過
日善過
日善過
日善過
日善過
日善過
日善過
日善過
日善過
日善過

一月總計善共　千　百　十　條

一月總計過共　千　百　十　條

奉行法

婦人奉行內訓爲夫者將此數條與之講解明白

隨造一册開明日月每日臨臥詳記一日善過能

書者自書某善某過不能書者每日下開列善過

兩行有善則於善下加一丶十善加一〇有過則

於過下加一丨十過加一乂如有不明請命於夫

夫爲定其善過之數歲終總計其數入夫告天文

中一并焚化

光緒庚子東倉書庫刊　　光州後學吳鏡沆助資

聖學入門書卷下

同里後學繆朝荃編校

琅𨜡鳳麟兩公年譜

琅琊鳳麟兩公年譜合編

同里後學陳敬熙
謹署光緒壬寅秋
七月物成東倉書
庫叢刻之

頃奉
手教並讀 大著攷辨詳明佩服之至即乞
椽筆賜題帖尾以誌翰墨緣也承
諭梨二王年譜等書謹當捐廉助工豐田被雨
皆司牧奉職無状慚悚萬分廿九虔禱後即馳臯
矣知承 眷注用特復陳李帖仍奉上 恭請
蘅甫先生同年大人秋安小弟其珽頓上 初二
奉繳書三本
年譜抄葉可愛也

此光緒癸巳秋八月郡尊程序東觀察其玨手札也越兩月卽卸篆乙未秋七月在省寓病歿承許鳳麟二公年譜及弇園雜著捐資助工因之不果越六年庚子其長君榦臣明府忠詔官浙江武康縣常通書問爰檢原札一通並年譜雜著兩冊寄請分廳付梓以補先人未竟之志當奉覆函允許謹將原札摹刻簡首用志墨緣辛丑夏六月蘅甫繆朝荃并識

鄉琊鳳麟兩公年譜合編小引

自來以三不朽傳世者其集中率有年譜以詳其生平本末乃炳烺一代如吾家兩公者獨闕焉未備數年前與猶子昊言而歎之昊曰此叔父事也聞其言傀爲心動而奔走患難中未皇及此會浪游粤中謝事之後未得卽歸以其間手訂先集繙閱數四方從諸詩文中考見先後參伍異同合之往日趨庭所得綜兩公之履歷年經月緯合爲一編復思昔之爲譜者多出子弟門生親承杖履之人從旁橐筆紀載乃爲詳覈其有易代數十百年之後後學之私淑者從遺編故實中追考而補

爲之不過得其涯略焉耳今距兩公棄世時僅踰一甲子而門戶式微老成凋謝卽求一臧獲之經事者而無其人矣以故孜孜采拾用心徒勤而遺集之外莫可質問遺集之中尙多存疑蓋與數十百年後之私淑者同其涯略而聞見寡陋引證麤疏則殆有甚焉者但以旦暮相從地下之人若復諉而不爲過此以往恐有更難於今日者是以不自揣量勉爲綴緝如此聊以當草創之役耳若夫討論修飾則以俟後之繩武者焉

順治庚子孟春月穀日孫瑞國百拜謹識時年六十有一

康熙癸巳仲冬月元孫亙穀百拜謹校

琅琊鳳麟兩公年譜合編

孫瑞國編輯　元孫艮穀校錄

明世宗皇帝嘉靖五年丙戌

長公以是年十一月初五日未時生　按是時公父大司馬公方爲諸生而祖居在州城之東四十里牌樓市則公實生於是鄉聞之故老云公母郁太夫人夢雙燕集兩肩占者云當生二貴子以文章名世未幾生公又十年而生太常公應其兆云

嘉靖十年辛卯

長公年六歲　按是年大司馬公舉於鄉公素精經

術所受弟子甚眾吳中故事大姓子弟率以六歲就外傅先後爲長公所聘師如同里歸德倅姜公觀察李公泉州守周公山陰之廣州司理駱公皆屬一時名下而實得之庭訓爲多云

嘉靖十五年丙申

次公以是年五月二十六日辰時生　按時尚未城居則公亦生於牌樓市時郁太夫人生長公十年矣復生公而又秀美異凡兒以是鍾愛特甚云

嘉靖十七年戊戌

次公年三歲　按是年大司馬公成進士長公所爲

次公行狀云第三歲卽善操切其下家人重足而立父母絕憐愛之稍長乃益務爲寬厚云

嘉靖十九年庚子

長公年十五　按是年公從山陰駱公居敬於家塾駱公方賦寶刀詩戲以漠字命韻公應聲曰少年戲舞洛陽街將軍血戰黃沙漠爲駱公所擊賞後足成篇今見集中

嘉靖二十二年癸卯

長公年十八　按是年公舉於南闈所爲王會圖表至今傳誦

次公年八歲　按是年長公鄉舉報至公於天未明披衣起坐乳媪問之對曰吾懼他日之後吾兄耳大司馬公聞而奇之以傳於人至今爲佳話云

嘉靖二十四年乙巳

次公年十歲　按行狀云弟甫十齡而病損先天氣幾成瘵戢身醫藥間大司馬公憐之不復强以呫嗶病小間因倣程式義成一篇置案頭大司馬公見而異之乃始擇名師教以屬文云云蓋是年以後事也

嘉靖二十六年丁未

長公年二十二　按是年公成進士名在二甲肆事大理寺前集古詩有棘寺春集作文部有正士風議皆注云大理卿朱公試應在三月釋褐後也

嘉靖二十七年戊申

長公年二十三　按前集古詩序云丁未春四月以進士隸大理得左寺凡八人朝夕相樂也至明年八月則七八人者以次授官去獨予在晨候大吏升揖散步空館顧影淒然爲賦一章按神宗時故事進士觀政期不過三月卽以次就選其選期尚遠者皆得休沐還里而公至一年後猶在棘寺卽云

從大司馬公在京邸亦不應觀政如此之久豈祖
宗時制度然邪以是考之則除授刑曹而古詩有
初入理園土作應在是年也
嘉靖二十八年己酉
長公年二十四　按前集七言古詩苦旱歌云君不
見歲已在酉魃爲虐五月黄塵恣飄瞥蓋紀是年
事也　按前集古詩編次前後别有意義難以稽
考惟近體以歲月爲序差可按求今考之五言律
有歸家及途中上下諸詩在庚戌所作之前而五
言古詩有淮陽署中早起作蓋祖制歲有刑曹一

人從總漕幕府專司追比漕糧之侵欠者名曰漕運理刑至神宗末年始罷不復設公於是時蓋嘗爲是官也

嘉靖二十九年庚戌

長公年二十五　按前集古詩賦鄉先哲四十章序云庚戌之春予以病休曹假作是詩又天甯寺塔放光記云庚戌之春三月大人還自按楚以述楚事未即朝憩於西郭天甯寺之方丈某時承乏秋官署得出侍焉皆是年事而七言律詩有書庚戌秋事四首蓋紀是年邊警也

次公年十五　按行狀云大司馬公由御史驟遷中丞南北禦圍倭虜無虛月弟皆從皆是年以後事也

嘉靖三十年辛亥

長公年二十六　按前集古詩有初考比部述職有感一首以歲月計之應在是年又按五言律詩有歸家及途中諸作在庚戌之前而七言律詩有過通州徐州游吳江橋及初抵京諸作在庚戌之後癸丑之前豈辛亥壬子間復曾以假歸邪抑與五言律所載同是一時而先後倒置邪尚俟續考

嘉靖三十二年癸丑

長公年二十八　按前集古詩題云癸丑島冦起吳中而五言律有聞警五首所紀亦倭亂事又七言律有癸丑元日詩即繼以游虞山及張通政諸公見餞崑山登金山過維揚諸詩則是年又在家中蓋與己酉辛亥所記必是一年事而前後錯互不一耳又五言絶句有癸丑避地吳中行戰地作則是年實在故鄉也

嘉靖三十三年甲寅

次公年十九　按行狀云中間嘗一歸就州試即冠

諸弟子大司馬公念而趣使去不竟試以學籍補國子生云云不著歲月今考大司馬公行狀云壬子之六月以倭亂起自山東巡撫改巡視浙江兼福興漳泉地方至甲寅秋七月以大同失律復改巡撫大同按次公向來從大司馬公宦游未嘗離左右其得歸就州試必在撫浙時而趣之使去必在移撫大同時應在是歲無疑也相傳次公鼎貴後每見里中迎新生入庠不覺動念以生平闕是典云

嘉靖三十四年乙卯

長公年三十　按前集有乙卯病後遇生辰獨酌至醉歌七言律則有得于鱗書云上計非遠喜而有作繼以至而分韻及除夕分韻諸作按明歲丙辰爲朝覲之期則所紀皆是冬事也

次公年二十　按行狀云乙卯應順天試其文已籍籍入耳而會有忌大司馬公者摘書題小誤格其名不入內棘仍歸侍公使院云云蓋時大司馬公爲薊遼總督駐密雲近京師也又按奉常集繕部餘姚諸公誌銘曰余生二十而事先生館于京邸

嘉靖三十五年丙辰

長公年三十一　按前集五言古詩序云丙辰春予駐漁陽聞子與戒輏而南一二兄弟星散矣蓋時以讞獄畿郡出都也秋日過于鱗郡齋賦十二體詩亦應在斯時五言律有過薊北懷柔上谷昌平河間保定諸詩七言律有被命省獄畿郡及宴集登覽諸詩又有五月五日答李侍御見邀詩則巡行諸郡蓋自春歷夏也又五七言律俱有將赴青州任作而七言繼以立春前一日過尹副使飲詩蓋公在刑部九年始出爲青州兵備副使而出京赴任在是年冬月也

嘉靖三十六年丁巳

長公年三十二　按前集七言律詩有丁巳春以青臬朝衡王賜宴作繼以雜懷詩有二毛應惜到潘年之句蓋自紀其年也又有除夕作云屈指俄成三十三

嘉靖三十七年戊午

長公年三十三　按前集五言律有二月詩云二月今垂半蕭條海國城爲是年在青州所作又有紀戊午正月李公事詩蓋太宰默爲分宜相嵩所陷也又有弟姪俱薦賦此寄之一首蓋次公與再從

子一誠同舉鄉闈也

次公年二十三　按是歲公舉於北闈考行狀云乙

卯以後大司馬公日與切磋者三載遂與賢書然

誦其文者猶以爲屈而大司馬公意尤惜之欲俾

之於南宮課業益篤所爲易義亦益精云

嘉靖三十八年己未

長公年三十四　按前集有得舍弟試文喜其必第

五言律詩一首又有喜敬美弟舉南宮及弟廷試

甲次稍後賦此慰之七言律各一首又游太山記

云予自戊午已未間有事於太山者三而其稍可

紀者第二游也其初游爲正月晦其明年之四月晦以行部復登焉蓋是年也前後凡有詩十首一時稱爲絕唱未幾大司馬公爲嚴氏所陷以疆事被逮公棄官走京師槖饘之暇有答于鱗明卿助甫子與諸詩皆悲絕語尋事小挺以大司馬命還家經理有別諸同志及彰義門別弟詩又古詩龍官雜言云我今三十四還鄉又七言律有寄家弟振美詩序云昨冬北徂弟實送予江滸慟哭而別蓋即以是冬北上也

次公年二十四　按是歲公咸咸進士名在三甲肄事

兵部考行狀云登己未會試當射策公東其文與書皆工受卷者欲上之大相所而相客頗彌封者知其方嫉大司馬公甚掣去之寘三甲於名次當爲縣令未及除授而大司馬公難作云

嘉靖三十九年庚申

長公年三十五

次公年二十五　按是歲公兄弟四服塗炭奔走長安中爲大司馬公求解不得至十月朔竟不免公兄弟扶喪歸不茹葷不飲酒不入内者三年至免喪後猶葛巾苴履不聽音樂不預讌會天下聞而

悲之

嘉靖四十年辛酉

長公年三十六

次公年二十六　按行狀云時方苦大水災鄉居多盜警乃謀請太夫人偕婦子輩入城而身廬於槖葬之側按去歲兩公扶喪至家已在冬底則所紀應屬是年事先是大司馬公始命家幹歸治居第於城中而未及遷也至是郁太夫人實始入居之而兩公免喪後同居奉母顔其堂曰柏蕤前堂曰世經讀書之樓曰萬卷卽今瑞國所居舊宅云

嘉靖四十二年癸亥

長公年三十八　按前集七言律有元日示弟詩云相看未有成聲意郎使吹篪亦損神蓋持服久廢吟詠至是禫除後初事筆硯也又古詩有雨泊崑城遣信要仲蔚作云三載抱寒爐今辰始出游繼以除夕詩云任他新甲子不解守庚申注云明歲爲甲子

次公年二十八　按奉常集七言律有奉酬家兄元日見示作云援琴欲作陽春曲聽作清商淚滿巾

嘉靖四十三年甲子

長公年三十九　按前集古詩序云案頭蘇詩一卷偶展讀有云龍鍾三十九勞生已強半因復有詠又五言律有除夕偶憶杜律四十明朝事語有感作皆以年歲相同也又有春日游郡中西山諸詩秋日復游西山有詩皆在是時

次公年二十九　按奉常集亦有游西山諸詩葢皆與長公同賦者

嘉靖四十四年乙丑

長公年四十　按前集七言律有乙丑元日詩云四十強年恥自論五言律有端午里中飲作注云時

甫有海上之捷蓋其時復有倭警也

次公年三十　按奉常集七言律有乙丑元日鄉居
呈諸兄作云高臥滄江三十春蓋紀其生年也又
云笑看兄弟傳觴處猶作屠蘇第一人蓋自同生
長公而外尚有世父靜菴公子四人長公有詩云
吾家羣從凡有四兩者是兄兩者弟而於次公則
屬皆爲兄也

嘉靖四十五年丙寅

長公年四十一　按前集七言律有元日試筆云朝
來四十俄加一五言律有寒食誌感云六度逢寒

食肝腸寸寸灰計之應在是年又有游陽羨諸潭洞記并諸體詩以歲月攷之亦應在是年之季秋也又七律有十月病中作五律有除夕病中作

次公年三十一　按奉常集五言律有丙寅元日作云二毛愁欲近以是年爲三十一歲也又有游陽羨諸山詩蓋皆與長公同游而作者又七言律有天池石湖諸詩而繼以丙寅除夕作

穆宗皇帝隆慶元年丁卯

長公年四十二　按前集古詩有將以伏闕北首郎事作而繼以二月朔渡淮郎事蓋世廟以丙寅十

二月賓天遺詔卹諸死事者公兄弟應此而出在是年正月也五言律八日病起之後卽繼以北上道中諸詩繼以在都門諸詩繼以新城道中作云夏霖遷古道秋色佐歸入則出都在秋日也續集先司馬祭贈聖綸碑陰記云隆慶丁卯屬在鼎革始敢白見寃狀下太宰議太宰移大司馬大司寇復移左輔之臺使監司三報牒而後得昭雪復御史大夫官皆是歲事也

次公年三十二　按奉常集七言律詩題云丁卯春予兄弟以陳情北上駐國門外繼以立秋日寺中

有感作繼以先君復職命下就道志喜作而行狀謂大司馬公事八閱月而始獲伸則出都在冬月也

隆慶二年戊辰

長公年四十三　按前集七言律有得大名兵備報後上疏乞休作在春事詩之前蓋是歲春間以薦起補大名道副使疏辭不赴而上應詔陳言疏古詩有迫檄首路擬再陳情作而五言律有途中諸詩繼以八月十三夜濟甯別子與七言律有秋日諸君餞焦山作繼以八月抵魏中作蓋初疏奉旨

敦趣再疏見沮公車不得已而於秋月赴任也又除夕詩注云是日有浙藩之報蓋遷浙江右參政分守杭嘉湖道則以前任青州道俸已及期故起補四閱月而即遷云

次公年三十三　按行狀云以臺諫交章論薦及太宰楊襄毅公貽書以大義相督乃出謁選行至河間道中而報除南京禮部儀制司主事計之當在是歲又按奉常集五言古詩有初謁選別家兒作五言律有聞命徑授南儀曹志感作七言律有南都諸作及歲暮雪後王百穀來自吳中訪予吏隱

齋作在己巳元日詩之前蓋皆是年事也

隆慶三年己巳

長公年四十四　按前集七言律有己巳元日試筆落句云頗聞遷地近漁樵蓋以前一日得浙西報也繼以正月十六日與于鱗會齊河作蓋李公自浙藩移長沭臬公寔代之繼以渡江天界寺會含弟作蓋次公時在南儀曹也履任後有游武林山水諸詩五言律有過于肅愍公墓作注云歲復爲己巳距公二甲子蓋時任浙西分守道駐湖州而初至省會或後以事續至所作也是歲湖州大水

災公繼撫按後與湖守各上疏得蠲貸浙人至今稱之七言律有遷晉臬及將發詩在庚辰元日作前則報遷離任在是歲冬間也

次公年三十四　按奉常集七言律有己巳元日作云椒花自媚天南日棣萼初分冀北春蓋在南京而憶長公於大名也繼以春日伯兄至自大名宿天界寺作又有秋游牛首諸山作而行狀所載力持魏公繼嗣事爲南都所稱當在是年又云在南儀曹歲餘而遷北爲儀曹員外郎以月日計之當在冬間也魏公事詳見行狀中今載弇州集選內

隆慶四年庚午

長公年四十五　按前集七言律有庚午元日作云尊前萼媚連枝綠頌裏花傳故國椒蓋以浙藩歸里度歲尋以郁太夫人病上疏乞休而繼以觸暑渡淮寄舍弟作蓋疏上不允會太夫人病亦艮已至半載後始强出赴任也五言律亦有將之晉任離家作云舟陵荷芰發繼以道中諸作皆紀夏秋間景抵任後即監秋試試錄一序五策出公手筆爲一時絕唱蓋是時各省典試未用京朝官皆以巡按御史爲總裁而藩臬佐之賓司內簾去取豐

程式文事七言律有貢院試士呈侍御饒公作五言律有中秋夜同饒公登明遠樓作撤棘後得家信聞太夫人疾復作投牒徑歸有歸途寫悶詩尋於路得訃音奔喪歸里

次公年三十五　按奉常集七言律有春夜宴集至秋日山陵諸作皆應在是年而行狀云聞太夫人病上疏予告行至池河聞訃晝夜馳先子三日抵喪次蓋在冬月也

隆慶六年壬申

長公年四十七

次公年三十七　按兩公於是年九月同游洞庭俱有詩長公有記云予與敬美弟憂居且禫矣

神宗皇帝萬歷元年癸酉

長公年四十八　按前集五言古詩悲七子篇序云以萬歷改元六月之楚臬過吳門五言律有赴楚出門卽事作繼以六月盡安慶道中七月江州道中作七言律有江行諸作繼以七夕游赤壁及再監楚棘感懷中秋夜登明遠樓觀月諸作蓋是年公服闋起補湖廣按察使復監秋試所爲一序一表五策與庚午山西錄並傳五言律有聞廣右命

作注云時以楚臬迫將入計當在九十月間又有赴嶺右别省中諸公詩云三月移藩已滯淫蓋時蒞楚未久因與前晉臬俸通計故席未煖而遷也又游東林天池寺記云余以七月赴楚江行至彭澤過匡廬未及登十月量移廣右復抵九江乃得游而爲是記又七言律有周銀臺攜酒静海寺作落句云縱有除書君莫問馬曹原自屬王猷注云時有太僕之除按是詩爲過南都時所作則甫離武昌即於途中報擢冏卿也蓋公兄弟於時方以夙名負重望而太宰楊公知之特深以是亟推遷

爲九列而次公亦尋有璽丞之擢云

次公年三十八　按行狀云正月服除四月抵都下十月始補祠曹而奉常集京口游山記云予以萬歷癸酉謁選北上至京口爲招隱焦山北固之游七言律有初秋日同諸名勝宴集作注云予以服闋謁選至繼以需次都下得家兄楚中問及貺新詩作五言律有需次都下舉子作

萬歷二年甲戌

長公年四十九　按前集七言律有張明府餞虎邱作句云府公高宴入春開知以是年春初出門赴

太僕任也繼以河間道中作云望國望鄉春思雜
中寒中暑客衣難又七言古詩有甲戌再入京憩
善果寺逢杏花作知入都在春暮又有文皇御槍
歌序云甲戌仲夏六日以朝退登午門中樓寓目
是槍云尋奉撫治鄖陽之命有領勑出朝口號七
言古詩一首於路有雪後壽陽道中作又贈於信
夫詩題云予以甲戌冬領鄖陽節之鎮七言律亦
有在道諸詩而繼以乙亥元日作始在鄖鎮則履
任在歲暮也

次公年三十九　按奉常集七言律有孟秋十六日

偕汪司馬兄弟家兄元美游蓮花菴作應在是年

又五言律除夕口號云四十明朝是

萬歷三年乙亥

長公年五十　按前集七言律有乙亥元日試筆作注云時年五十矣是歲游太和山作賦一首記四首及諸體詩記云春三月望晨過淨樂宮則其時也又有答敬美尙寶弟壽詩七言長律十五韻後跋云七言排律一難十五韻二難五十壽詩三難酬答四難吾弟之秀爽與老夫之精切恐著第三人不得因錄付兒輩收藏異日徵王氏文章之盛

此亦其一斑也詩今見前集中而跋不載惟家藏唱和手蹟卷中有之故附識於此

次公年四十　按奉常集壽中丞伯兄元美五十七言排律句云誰家代秉中丞節有弟今爲尚璽郎葢以祖少司馬公父大司馬公暨長公三代皆爲巡撫也又按公於去年十月始補祠曹而長公五十懸弧在是年十一月則行狀所云尋遷尚璽丞與諸公徵逐詩酒之社應在是年也

萬歷四年丙子

長公年五十一　按前集七言律有丙子元日試筆

作落句云忽憶朝天吾季在玉珂聲自未央回蓋
公在鄖鎮而次公爲尙寶丞在京也隨繼以敬美
尙寶有江藩之遷取道鄖陽同登太和絕頂諸詩
繼以請太室兄爲代而不能俟賦寄詩蓋於是年
遷南京大理寺卿而嘉定徐公學謨實代其任也
又按續集古詩有戊子年赴南司馬出門作追數
往事云五十始加一儵然向巖居蓋甫遷大理言
者承當路旨有所指摘而請告歸也
次公年四十一　按行狀謂以周旋言事者傳劉二
御史䚡大相怒方奉命弔祭秦藩而出爲江西參

議分守饒南九道治南康攷奉常集七言律有當使闗中留別都下諸公作繼以游覽及登華山作夏日藩司諸公招游鴈塔作而又繼以贈同門友郭可忠作則注云時不佞已外補參公後矣又有休沐過家及途中江右諸詩而繼以丙子除夕九江公署作則江藩之轉應在是年春夏間而抵任在冬月也

萬歷五年丁丑

長公年五十二　按續集七言律有丁丑元日作云官輿盡時知骨肉主恩深處領樵漁蓋去歲初納

鄖節在家度歲也又落句云蕭散書窗聊捉筆可
能成就右軍書注云右軍五十二而書成繼以初
夏行園有懷敬美弟南康作
次公年四十二　按奉常集七言律有八日立春集
海天閣作五言律有清明日與郭可忠使君登餘
干東山作皆應在是歲又游匡廬記云余所治南
康廬山日在目虞妨務勞人不敢數游首夏入省
兩臺檄以入賀萬壽擬借此爲引疾計恐不復至
乃往游焉七言律有都門外酬諸公見過及謝尚
寶諸舊僚出視詩五言古有軺中雜言二首句云

朝辭帝京去暮逐山城棲注云時八月閏蓋神廟
萬壽在八月故以閏月竣事出都也東游記云以
丁丑閏八月朝於京師歸取道東行拜于鱗墓登
太山過闕里而作是記又述異記云以丁丑十二
月十三日入江右境又有入境移兩臺乞休文及
再上潘中丞乞休文格不聽乃還任而五言律有
丁丑除夕養痾玉山作則舊歲尚未抵治所也

萬歷六年戊寅

長公年五十三　按續集七言律有戊寅元日家宴
作句云五十三年絲鬢白可因升斗負生平繼有

東倉書庫叢刻初編

初聞應天尹命述懷作乞休疏上見沮公車作將赴留尹出門作抵丹陽聞南中流言返棹作而奉旨一詩在來年春初知此諸詩所紀皆是年秋冬間事也

萬歷七年己卯

長公年五十四　按續集七言律有己卯元日雪中小飲試筆繼以聞在籍聽用之旨有感作是歲往湖州哭方伯徐公子與有歸途七言絕句六首

次公年四十五　按奉常集五言古詩有己卯元旦宿都昌田家作時公方在任不知何以元旦外宿

攷都昌爲南康屬邑豈故事當往兩臺賀節而以嵗朝即發邪繼以聞除目述懷句云徙官百里內蓋就遷本省副使驛傳移駐會城也七言律有端午日滕王閣公宴作則已履新任矣尋署按察司及分巡道印八月入棘監秋試代作後序及策三首并武舉策一首以愽雅稱尋即代入覲有長至日途中感舊詩

萬歷八年庚辰

長公年五十五　按續集五言古詩詠史諸篇序云自庚辰夏病目不能多讀書憶史事有慨於中者

得八十餘首是年學道有得與太原文肅公訂偕
隱之約後起家辭諸當路猶謂不忍負庚辰鑿坏
盟云又有答舍弟覲還復履江右臬詩繼以送敬
美視關中學詩皆是歲事也

次公年四十五　按奉常集七言律有庚辰元日覲
後試筆作放之諸文及書牘是歲正月在京考察
過堂時侃侃條對多所救解爲太宰門公所知事
竣而以病臥邸中上疏請告託故人司封孫公鑛
爲請甚力太宰不可徵之亟出尋知其疾瘳欲調
爲山東學道令同鄉一曹郎歷邸諭意公力辭不

執不得已乃出辭還任又有蘭陵舟中詩注云時迫端陽簡書嚴甚蓋便道一過家而抵任五月也行狀云還任甫百日而移視陝西學政計期當在八月云

萬歷九年辛巳

長公年五十六　按續集有辛巳元日詩復有感事詩蓋以太原曇陽事爲言者指摘并波及次公亦自秦中掛冠歸故繼以與弟初出郭宿故墅詩

次公年四十六　按奉常集五言古詩有辛巳元旦入謁曇陽觀作蓋自江右移任陝西便道還家度

歲也關中紀行云辛巳正月予奉督學副使勑之關中以二月之十日抵潼關卜任吉於十有三日以五月出考延安甫畢而臺諫有論曇陽事波及者誼不可留遂移疾乞休因於六月二十四日發延安至潼關候兩臺疏發以七月十三日啓行而游三門集津記云在七月蓋得請之後也又有宿煖泉寺游嵩山少林寺記則離任後至河南境自陸從水時事也與人書云以八月七日抵家而七言律有奉和元美同出郭宿郊墅作應在初歸後也

萬歷十年壬午

長公年五十七　按續集七言律有壬午元日與敬美祝聖小飲詩蓋兩公皆在家園度歲也是歲公長子吏部公士騏舉南闈解元有聞報寄勉七言律二首

次公年四十七　按行狀云起家提調浙江學政辭不赴不著歲月攷奉常集與浙人書云解關中之艾僅踰一載而起家授以貴邦文寄計當在是歲秋冬間也

萬歷十一年癸未

長公年五十八　按續集七言律有癸未元日過敬
美小酌一首七言古詩有癸未二月事一首紀雷
雨交作之異又五言古詩即事云愛弟不赴官頑
兒不登第蓋時次公方辭浙學之命而澹生公初
下第也
萬歷十二年甲申
長公年五十九　按續集七言律有甲申元日試筆
云五十八年猶未是於今化日始從容又與趙文
毅公書云僕行年五十九名爲棄家而實未能盡
是歲有吴明卿見過有感作起句云出處頻年尚

屬人於今不出始由身蓋時有推轂者而力辭之
也又七言古詩有甲申冬十二月十三日一首云
五年南陽思臥龍一朝中國相司馬父老能追弘
治日斯人豈在三原下蓋爲文肅公大拜作也
次公年四十九　按行狀云甲申冬復起家提調福
建學政以歲杪抵任奉常集中與人書云卜吉於
長至日行謂出門日也
萬歷十三年乙酉
長公年六十　按續集七言律有乙酉元日試筆云
孤眠一百三十日尚在六十尋常身七言古詩於

甲申十二月十三日一首之後即繼以孟春三日感事作云古人不逢范希文今人卻覩天水君蓋紀常熟趙文毅公賜環後事又五言古詩有乙酉猶子士騆宜黃後學程其玨塡諱入太學應試與先世父郎中公同科同歲賦此期之七言古有第二猶子士騄宜黃後學程其玨塡諱十八應試與余省捷同歲賦此壯之俱是年秋間事又五言律有生日於泖塔避客作蓋以齊年辭賀祝也應在十一月中相傳公雖避客而四方交游屬至其誼之必不可却者悉付州中之海甯寺造一佛殿至今巋然傳爲法門盛

事云

次公年五十　按奉常集七言律有元日登全閩第一樓懷家兄作入閩試士錄序云奉督學副使敕時已迫冬馳入閩部屈指大比期甫半歲乃先馳至汀自二月迄七月終而完八郡一州事秋闈後復預武闈有前序及二策今在集中行狀云俄進其省左參政分守福興泉道應在是年冬月也聞之庭訓及閩人所述謂公爲督學行部時郎子弟不攜一人以兩目一手之力一晝夜閱至二百卷無一卷不細加評騭於其人終身窮通壽夭皆如

燭照著卜其所定甲乙名第於平日聲價不爽毫髮至今有神人之號而持法之公嚴卽大有力者臨以兩臺之命一無所徇以是卽被擯斥者皆心服無異辭云

萬歷十四年丙戌

長公年六十一　按續集七言律有丙戌元日作云六十俄驚又一春至四月劉河張將軍邀觀海有記及七言律二首又先司馬祭贈聖綸碑陰記云先人事自戊辰中讒不得沾旌䘏又十八年而始有祭有葬有贈計之應在是年

次公年五十一　按奉常集游鼓山及石竹山記皆云在丙戌春正月又游九鯉湖記云在二月初間行狀云入賀萬壽冒暑行過吳門以期遠暫憩里中得南太常報猶以左參政祗役抵都下而後拜命故集中七言律有以南奉常出京師贈友作又有丙戌仲冬五日伯兄元美再周甲子某適休沐過里子孫共得十八歡聚小飲作又與人書云歲杪抵任卽值大察杜門蓋明年丁亥爲京察期則抵太常任在是年十二月也

萬歷十五年丁亥

長公年六十二　按續集七言律有丁亥元日卽事作起句云今日元日大陰晦又與文肅公書不著歲月者有云吾鄉元日之暮風雷陡作自是連陰者二十餘日歲事未卜人情洶洶與詩語相合而繼以考察消息不久當得云云蓋是年爲京察期也前詩之後繼以有所聞二首一云愧殺微名近九重一云聞道弓旌及隱淪蓋時復有推轂者又繼以答嘉定徐宗伯勸駕之作蓋起補南少司馬也又游練川雲間諸園記云萬歷丁亥孟冬二日予以報謝諸君之禮先壟者至嘉定十四日至雲

間則與涇公書所云以九月十九日府公至墓將
命諭祭焚黃應在是年也
次公年五十二　按行狀所載及參之庭聞以督學
時積勞及南都酬應過繁寖成噎疾會大司馬公
蒙恩賜祭葬擬乞假歸襄事以無故事止中邑邑
病日深乃移狀於卿沈爲具疏請下吏部覆予急
治病病痊而有司奏薦起用如六卿例報可計期
得請歸里應是歲冬間事
萬歷十六年戊子
長公年六十三　按續集七言律有戊子元日試筆

云屈指新春六十三五言古詩有將赴留都司馬作云六十壽已三乃復就徵書其二云今辰復何辰二月吐嚴霜一紀歲一紀月也道中游攝山棲霞寺履任後姜宗伯李司寇邀游牛首及自游金陵諸園皆有詩有記又有謁陵閱城閱操諸古詩又七言古詩有高皇帝御槍歌序云余守太僕詠文皇帝槍後十五年而又覩是槍於故宮之五鳳樓計之應在是年又有申飭部規旁及時務疏皆是歲佐樞時所上也又按是年吳中大水公與同郡申王二相公書極言蠲賑事又以前任嘉湖道

故事勸蘇松二郡守繼撫按後上疏而以觧故事辭公與人書謂民且死矣尚何例之可言云七言絕句題有抵留任後於今百三十日而所見所聞多可憂可悲可愕可恨者信筆得二十首中多憂歲憂民之語而與汪伯玉書亦云歲災民飢米價騰貴四郊多經瀆之殍六軍露脫巾之萌刺耳蒿目不可視聽而後及鄉中水患病弟叵測皆是年事也至閏六月十四日而次公卒於家有哭弟七言絕句二十四首秋榜後與文肅公二書蓋因公子太史公衡舉北闈解元禮部郎高公桂微辭指

摘而文肅公辯之過激尋刑部饒公伸繼之則辭加峻奉嚴旨逮問故先後規之也中多古人直道語有人所難堪者家所藏文肅公手書復札亦有恚辭如兄亦爲是言弟復何望云云而明歲大司寇之遷實文肅公在事爲之推轂皆前輩盛德事爲後人所不敢望者而紀載未及故附識之

次公年五十三於是年閏六月十四日戌時卒　按行狀及參之庭聞戊子春間病勢小減至初夏而復盛乃分產授諸子遺筆垂戒多理身齊家要語且面囑身後事皆悲泣不能仰視獨洋洋如平時

而頗矻矻著述有灊思子望崖錄內外篇經子臆解諸書又以歲大祲餓殍載道爲倡率煮粥以賑飢者禮懺以度死者喜謂胸中更無事矣至日而革移席中堂手書訣長公於南都皆朝家大計語不及私結法精美無一誤筆尋據胡牀盥水畢翛然而逝　公歿後元配章安人以年高多疑卜葬地久不決至萬歷四十四年丙辰章安人亦卒時伯叔二子已前逝仲子等始奉而合葬於故鄉麋長逕大司馬公賜塋之穆位時長公已久葬昭位矣公初歿卽祀鄉賢祠江西福建俱祀名宦

萬歷十七年己丑

長公年六十四　按續集七言律有己丑元日卽事云嵩呼初畢捲朝班轉入玄宮松柏間蓋在南都祝聖謁陵事又云卦數已周成底事則自紀其年也七言古詩有人日金陵憶亡弟作至二月而子吏部澹生公登第有答吳明卿見賀七言律詩繼以考績北上至淮聞大司馬之命回舟抵家有感二首尋赴南都任有南道御史論公曾被劾不當以巡撫俸通理考滿公具疏辯下吏部以故事及公品望具覆得俞旨有事白後再上疏乞休詩先

是去歲十月中南九卿公劾司禮太監張鯨疏及是年所上請覲朝諫留中公疏皆公屬草又自上光復孔廟舊典訂正從祀諸儒疏是歲吳中復苦旱又與文肅公書極言蠲賑事

萬曆十八年庚寅

長公年六十五於是年十一月二十七日□時卒

按續集七言律有庚寅元日觀聖畢始以紅錦袍謁陵作尋乞休至再奉旨予告有別留都諸公卿及秋省諸郎古詩繼以謝諸公追餞棲霞寺及再游作抵家九閱月而疾革召所善僧坐榻前與談

笑說偈而逝撫按疏聞下吏部覆奉旨贈太子少保賜祭及葬於令甲應自爲兆域而以不忍忘大司馬公故遺命葬於舊塋之昭位尋祀鄉賢祠至萬歷四十八年庚申當道采士民公議檄建特祠於公所居弇山園之前有司以春秋致祀焉

光緒辛丑東倉書庫鐫本　宜黃後學程忠詔助貲
瑯琊鳳麟兩公年譜合編　同里後學繆朝荃校刊

内則章句

内則章句

太倉顧抱桐行人著

同里後學陸繼煇署首

光緒丁酉
歲夏五月
琹竟東倉
書庫䕘刻
之

太倉州志列傳

顧陳垿字玉停父宏沛有文名陳垿中康熙五十四年舉人以薦入湛凝齋纂修書成議叙授行人司行人出使山東浙江監督通州倉所至得大體雍正三年以目疾乞歸陳垿有絕學三字學算學樂律俱精詣敦內行居喪不飲酒食肉不處內學宗陸九淵自命爲象山後身鋒稜諤諤纂修時總裁以文屬點定一日盡駁其稿總裁怒擲地陳垿徐起拾之明日總裁悟卒從陳垿說監倉洗手從事官吏經紀不得恣倢牟里居非公不至官府留心著述質疑問難者恒滿座乾隆元年

詔起原官以親老不出時
詔舉博學鴻詞詹事王奕淸薦之亦辭不赴時論高之
年七十卒子文龍字元在乾隆十五年舉人詩古文詞
並有家法常主廬陽書院未仕卒

顧玉停先生所著書目

洗桐集九卷

抱桐集三卷

八矢注字圖說一卷

鐘律陳數旋宮知義各一卷

無益之言一卷

讀四書偶見三卷

內則章句音釋各一卷

龍虎上經參同契合注三卷

首楞嚴經注五卷

癸丑治疫記三卷

以上俱見沈敬亭光祿所譔墓志較太倉州志藝文爲詳其書大半散佚今厪存者有顧賓陽先生文集即洗桐抱桐兩集合刻本玉停閒書郎八矢注字圖説鐘律陳數合刻本八矢注字圖説又有棣香齋叢書刻本無益之言其族孫肇增茂才處有鈔本朝荃曾借鈔之釐分三卷惜多脫譌處無從校正也先生又有賓陽子年譜三卷其族弟師軾徵士有鈔校本並補世系冠之於首朝荃亦借鈔之此內則章句并從徵士處鈔得者茲先付刊因述其大略如左用稔

來耆光緒丙申冬十月同里後學繆朝荃謹識

六經皆論道之書也漢儒以訓詁失之然道之至者文亦至焉宋儒以專言理而復失之葢文以顯道所以極其活潑之致而讀經者玩其文以求其道乃更融洽生動而鼓舞於不自已文其可忽乎哉玉停顧子之於六經以身體之者也而尤粹於禮其自少而壯壯而且老一出一處一言一動皆是也豈惟其文云爾然其說經也則必即文以明道道有冥悟文亦有創得辛酉之歲在苫凷中讀禮爲内則章句寄以示余余觀其標舉玩其疏釋皆自來所未及一爲闡之遂若天造地設焉古人淑世之苦心於是乎盡出是天下之至文也即天下

婦然後有父子郊特牲曰男女有别然後父子親君
子之道造端夫婦然則别男女以謹夫婦誠禮之本
而則所從出歟故曰內也
后王命冢宰降德於衆兆民
作如此開章何其鄭重有如皎日縣空迅雷奮地足
以發蒙驚瞶一切爲子婦者其敬瞻聽之遂揭而宣
之曰子事父母婦事舅姑葢不翅提其耳而示之事
也　天子冢宰掌飲食司徒掌十二教諸侯司徒兼
冢宰天子曰兆民諸侯曰萬民此上據諸侯下據天
子互文也而篇中劑飲調食實稟冢宰仰事俯育實

福兆民古人用字精當如此

二句十一字自爲一章是通上下篇之提綱總冒也

通篇雖只養親教子兩大端而精麤雜陳洪纖迭作

非此二句函蓋不住星躔燦若條理井然非此二句

領挈不起

子事父母雞初鳴咸盥漱櫛縰笄總拂髦冠緌纓端韠

紳搢笏　左右佩用左佩紛帨刀礪小觿金燧右佩玦

捍管遰大觿木燧偪屨著綦

婦事舅姑如事父母雞初鳴咸盥漱櫛縰笄總衣紳

左佩紛帨刀礪小觿金燧右佩箴管線纊施縏袠大觿

木燧衿纓綦屨
陡然雙起承上降德句來如雙峰之出雲注下以適句去如雙流之入海細序妝束自頂至踵一絲不亂有同處有異處而拂髦衿纓四字緊相對照一是孺子之飾親沒方除一是從夫之飾許嫁卽繫於孺慕專心之義卽寓重首重帶之文讀者著眼　如事父母非謂如上子之事父母也乃是如在家之拂髦未衿纓時事其父母也著此句不獨寫出新婦移孝作順回想當年并補足上段子事父母中或有已笄未嫁之女在

以適父母舅姑之所及所下氣怡聲問衣燠寒疾痛苛
癢而敬抑搔之出入則或先或後而敬扶持之進盥少
者奉槃長者奉水請沃盥盥卒授巾問所欲而敬進之
柔色以溫之饘酏酒醴芼羹菽麥蕡稻黍粱秫唯所欲
棗栗飴蜜以甘之堇荁枌榆免薨滫瀡以滑之脂膏以
膏之父母舅姑必嘗之而后退

一句雙承以下合寫寫得又小心又和氣自著衣至
進食次第亦一絲不亂也七箇之字上所加字樣眞
是窮工極巧全將慈幼之道移來用在父母舅姑身
上乃小心和氣之根　溫之以上專是晨省之事饘

酏以下雖亦就朝食言然已通一日之三餐言矣

男女未冠笄者雞初鳴咸盥漱櫛縰拂髦總角衿纓皆佩容臭昧爽而朝問何食飲矣若已食則退若未食則佐長者視具

通男女言之較已冠笄者拂髦同而總角異衿纓似而以佩容臭異昧爽較長者稍後朝則及尊者起坐之時已食未食乃尊者意所遲速非朝者無定候也

凡内外雞初鳴咸盥漱衣服斂枕簟灑埽室堂及庭布席各從其事

此覩丁而外凡供役使者爲其有助於事親故序在

孺子前　内外二字中隱有男女二字後別男女謹夫婦二段中所用内外二字皆本此　所斂枕簟及所布席皆非父母舅姑之枕簟與席也

孺子蚤寢晏起唯所欲食無時

此恰是親丁煞未能服勞但能分甘故序在役使後起居耆欲反同老者須人調護直照後教子篇而補所未及唯所欲三字與前唯所欲三字特作關照

由命士以上父子皆異宮昧爽而朝慈以旨甘日出而退各從其事日夕而入慈以旨甘

爲子者依親以同居事親之外更無大事爲臣者尊

親以異宮從君之事亦爲其事敬有加而力則分故另爲一條不言命婦舉子則婦隨也　尊君命以尊親親亦别營一宮故曰皆昧爽而朝與未冠笄者同辭明與同宮者異其候也各從其事與凡內外同辭明與事上者同其義也　旨甘是在常饌之外不問而必所欲者慈者用其愛孺子之情敬不足以盡之以上七節爲一章言每日蚤起第一事也父母舅姑名色雖四實祇二人以下曰子曰婦曰未冠笄曰凡內外曰孺子曰命士以上約爲六等却無定數此六等人除孺子外皆須入則

父母舅姑將坐奉席請何鄉將衽長者奉席請何趾少者執牀與坐御者舉几斂席與簟縣衾篋枕斂簟而襡之

父母舅姑之衣衾簟席枕几不傳杖屨祗敬之勿敢近敦牟卮匜非餕莫敢用與恒食飲非餕莫之敢飲食

父母在朝夕恒食子婦佐餕既食恒餕父沒母存冢子御食羣子婦佐餕如初　旨甘柔滑孺子餕

繼朝而言晝由起居而及服御由服御而及飲食由飲食而及餕餘由餕餘而兪存沒憐孺子雖蟬聯爲一仍標舉爲三而孺子附焉　和衣而臥曰衽既起

坐時偃息老人之態也夜臥有恆日衽無定故亦請鄉者面所鄉也趾者足所鄉也　起居之適在坐衽寢三者坐之所需一席已足衽之所需則席之外爲牀爲坐爲几寢之所需則席之上爲簟簟之上爲衾爲枕皆臨用則設無用則徹也寢起所需爲衣行立所需爲杖爲屨飲食所需爲敦牟卮匜連類及之

父母在飲食自相勸侑父沒母存冢子侍而勸侑亦見從子之義父尊則不敢故母沒父存無其文

在父母舅姑之所有命之應唯敬對進退周旋慎齊升降出入揖遊不敢噦噫嚏咳欠伸跛倚睇視不敢唾洟

寒不敢襲癢不敢搔不有敬事不敢袒裼不涉不撅褻衣衾不見裏父母唾洟不見冠帶垢和灰請漱衣裳垢和灰請澣衣裳綻裂紉箴請補綴五日則燂湯請浴三日具沐其閒面垢燂潘請靧足垢燂湯請洗

於起居飲食之外臚列言之大指皆求適親之耳目形體而已　命近在左右進退周旋在室中升降在階出入在門揖遊在庭總以所字該之噦噫嚔咳聲之觸耳也欠伸跛倚睇視形之觸目也唾洟則兼形聲之惡者忍寒而心診親之冠服忍癢而心診親之唾垢不袒裼不撅不見裏雖當爲親漱澣補綴侍親

沐浴靧洗而猶不敢也　文勢以句法字法牽卸而下然仍以父母二字呼起段落自明　揖非揖讓之揖遊非遨遊之遊乃手足弛容之頃當與室中不翔對看

以上五節爲一章言每日日間無數事也以前三節爲一班後二節爲一班

少事長賤事貴共帥時

此三句前後凡兩見與首二句之提綱總冒篇中鼎峙爲三蓋少長貴賤足以盡人類矣其事足以賅人道矣治國平天下不過率是時者是也是非一家之

私而后王之公也故曰共共者公也承上文事親之則而廣之起下文別男女之則而嚴之

男不言內女不言外非祭非喪不相授器其相授則女受以篚其無篚則皆坐奠之而后取之外內不共井不共湢浴不通寢席不通乞假男女不通衣裳內言不出外言不入男子入內不嘯不指夜行以燭無燭則止女子出門必擁蔽其面夜行以燭無燭則止道路男子由右女子由左

此段合上三句爲一章與下篇第一章遙相呼應作兩層關鍵後專言夫婦此槩言男女

子婦孝者敬者父母舅姑之命勿逆勿怠若飲食之雖不耆必嘗而待加之衣服雖不欲必服而待加之事人代之己雖弗欲姑與之而姑使之而后復之

子婦有勤勞之事雖甚愛之姑縱之而甯數休之

子婦未孝未敬勿庸疾怨姑教之若不可教而后怒之不可怒子放婦出而不表禮焉

每段呼子婦起前一段就子婦說雖孝敬者不可恃愛後二段就待子婦說本重在未孝敬者一邊而以所愛者爲上下過接

父母有過下氣怡色柔聲以諫諫若不入起敬起孝說

則復諫不說與其得罪於鄉黨州閭寧孰諫父母怒不說而撻之流血不敢疾怨起敬起孝

仍以父母提頭備處變之方立納諫之法　得罪言父母以過爲公論所非或言人子忤親爲鄉評所斥語氣未通

兩節父母子婦合說

父母有婢子若庶子庶孫甚愛之雖父母沒沒身敬之不衰　子有二妾父母愛一人焉子愛一人焉由衣服飲食由執事毋敢視父母所愛雖父母沒不衰子甚宜其妻父母不說出子不宜其妻父母曰是善事我子行

夫婦之禮焉沒身不衰
父母雖沒將爲善思貽父母令名必果將爲不善思貽
父母羞辱必不果
親之用情卽不當非過也子不必同而如之何可違
子之立身一不愼非孝也親必與焉而如之何勿思
皆終身爲期不以親之存沒異也　玩沒身敬之敬
字夫婦之禮禮字有以見子之不必同古人用字斟
酌如此
舅沒則姑老冢婦所祭祀賓客每事必請於姑介婦請
於冢婦　舅姑使冢婦毋怠不友無禮於介婦舅姑若

使介婦毋敢敵耦於冢婦不敢竝行不敢竝命不敢竝坐　凡婦不命適私室不敢退婦將有事大小必請於舅姑　子婦無私貨無私畜無私器不敢私假不敢私與婦或賜之飲食衣服布帛佩帨茝蘭則受而獻諸舅姑舅姑受之則喜如新受賜若反賜之則辭不得命如更受賜藏以待乏婦若有私親兄弟將與之則必復請其故賜而后與之

婦之冢介從夫而有不俟受代平時已辨婦之所有皆歸於夫子又歸親婦更何私　毋怠不友無禮於介婦言不可自謂冢婦而驕惰也毋字貫下兩事不

友無禮皆是冢施於介鄭註謂介婦無禮冢婦不友
之於於字神理不合
兩節子婦分說
以上四節爲一章前二三章言事親之禮節亦旣詳
密矣此則事親之性情也賢者戒其自矜不肖者懲
其自棄至於處親之過抑又難焉身在之日衾影冰
淵皆親所監況親在之日乎身內之物肝腦爪髮皆
親所遺況身外之物乎未孝未敬一段反在父母分
內說足補後教子所未及甚宜其妻一段純視父母
好惡足補後謹夫婦所未及冢婦介婦一段從事舅

姑內表出家婦早爲下宗子宗婦作樣也此文字血脉流通機關牽動處

適子庶子祗事宗子宗婦雖貴富不敢以貴富入宗子之家雖衆車徒舍於外以寡約入子弟猶歸器衣服裘衾車馬則必獻其上而后敢服用其次也若非所獻則不敢以入於宗子之門不敢以貴富加於父兄宗族若富則具二牲獻其賢者於宗子夫婦皆齊而宗敬焉終事而后敢私祭

此段獨爲一章養不得不變而爲祭孝子之所無可如何也祭亦養也養之久者無如宗子敢不敬歟惟

養與祭則莫隆焉故以敬宗爲養之極致也

飯黍稷稻粱白黍黃粱稰穛　膳膷臐膮醢牛炙醢牛胾醢牛膾羊炙羊胾醢豕炙醢豕胾芥醬魚膾雉兔鶉鷃　飲重醴稻醴清糟黍醴清糟粱醴清糟或以酏爲醴黍酏漿水醷濫　酒清白　羞糗餌粉酏　食蝸醢而苽食雉羹麥食脯羹雞羹折稌犬羹兔羹和糝不蓼濡豚包苦實蓼濡雞醢醬實蓼濡魚卵醬實蓼濡鼈醢醬實蓼腶脩蚳醢脯羹兔醢麋膚魚醢魚膾芥醬麋腥醢醬桃諸梅諸卵鹽

飯雖六種實諸侯之黍稷稻粱四簋也天子則加以

麥苽膳卽公食上大夫之二十豆也飲漿人之六飲也酒清一白二清謂清酒白謂事酒昔酒也羞羞籩之實糗餌粉餈易餈以酏兼羞豆之食也食似人君燕食所用爲品二十有六　曰飯曰膳曰飲曰酒曰羞曰食飲食之目略已備焉　牲牢雖美不先五穀旨酒雖美不先漿醴鉶羹雖美不先籩實觀其序次良非苟然

凡食齊視春時羹齊視夏時醬齊視秋時飲齊視冬時

凡和春多酸夏多苦秋多辛冬多鹹調以滑甘　牛宜稌羊宜黍豕宜稷犬宜粱鴈宜麥魚宜苽　春宜羔

豚膳膏薌夏宜腒鱐膳膏臊秋宜犢麛膳膏腥冬宜鮮
羽膳膏羶

一以四時調四齊二以五味順四時三以六穀配六
畜四以八物平四氣調和之節愼所施焉

牛脩鹿脯田豕脯麋脯麕脯麋鹿田豕麕皆有軒雉兔
皆有芼爵鷃蜩范芝栭蔆椇棗栗榛柹瓜桃李梅杏柤
梨薑桂　大夫燕食有膾無脯有脯無膾士不貳羹胾
庶人耆老不徒食

天子加羞百二十品此三十一物近諸侯之燕食也
遂次以大夫士庶人之等葢養生之具旣視乎力之

所能致又視乎分之所應得豐儉之殊各所安焉

膾春用葱秋用芥豚春用韭秋用蓼脂用葱膏用薤三牲用藙和用醯獸用梅　鶉羹雞羹鴽釀之蓼魴鱮烝雛燒雉薌無蓼

葷薌之佐菜釀之宜因乎天時隨乎物性不獨適口先利鼻也

不食雛鱉狼去腸狗去腎狸去正脊兔去尻狐去首豚去腦魚去乙鱉去醜　肉曰脫之魚曰作之棗曰新之栗曰撰之桃曰膽之柤梨曰攢之

屏除之潔治擇之精不留可疑不厭盡善非以窮味

求益人也
牛夜鳴則庮羊泠毛而毳羶狗赤股而躁臊鳥皫色而
沙鳴鬱豕望視而交睫腥馬黑脊而般臂漏雞尾不盈
握弗食　舒鴈翠鵠鴞胖舒鳧翠雞肝鴈腎鴇奧鹿胃
物之負疾聲惡色惡則氣味從之總言弗食必弗食
也物雖無毒偏熱偏臟則淫濁歸焉不言弗食亦不
言可食也　前八去是物常美中有惡不免殊死而
殘形此六弗食是物變全體皆非竟可放棄而弗徵
而舒鴈翠以下數物在可去可食之閒　前以鼈雞
居去八之先此以鳥雞居六弗食之後二物本同而

隔別者前有去醜之鱻後有沙鳴之鳥孤不成伍各

附其類

肉腥細者爲膾大者爲軒或曰麋鹿魚爲菹麕爲辟雞

野豕爲軒兎爲宛脾切葱若薤實諸醯以柔之

言菹齏之異各傳其製所當講求儲蓄以備不時之

需

羹食自諸侯以下至於庶人無等大夫無秩膳大夫七

十而有閣天子之閣左達五右達五公侯伯於房中五

大夫於閣三士於坫一

與前大夫燕食一條相應作兩番收束也燕食等以

爵羮食無等老則有閤天子獨異等諸侯不待年大
夫猶須七十矣而閤坫之制仍以爵爲差
以上八節爲一章惟養與祭必先備物故序飲食以
繼之攷諸燕禮通諸羮食識其宜忌致其精擇爲人
子者不可不詳且慎也自天子以至於庶人莫不養
親玉食鼎烹得之爲悅啜菽飲水亦盡其歡一切禮
食常食條析縷陳以繫養親之後
凡養老有虞氏以燕禮夏后氏以饗禮殷人以食禮周
人修而兼用之　凡五十養於鄉六十養於國七十養
於學達於諸侯八十拜君命一坐再至瞽亦如之九十

耆使人受　五十異粻六十宿肉七十貳膳八十常珍九十飲食不違寢膳飲從於遊可也　六十歲制七十時制八十月制九十日修唯絞紟衾冒死而后制　五十始衰六十非肉不飽七十非帛不煖八十非人不煖九十雖得人不煖矣　五十杖於家六十杖於鄉七十杖於國八十杖於朝九十者天子欲有問焉則就其室以珍從　七十不俟朝八十月告存九十日有秩　五十不從力政六十不與服戎七十不與賓客之事八十齊喪之事弗及也　五十而爵六十不親學七十致政凡自七十以上唯衰麻爲喪凡三王養老皆引年八十

者一子不從政九十者其家不從政瞽亦如之　凡父
母在子雖老不坐
凡十一段其十段皆王制養老之文其末段乃內則
特見之義也述王制未畢忽然入此二語明父母在
恒言不稱老養親之人非受養之人也苟養老禮行
則親坐子侍何樂如之顧安得恒不坐乎
有虞氏養國老於上庠養庶老於下庠夏后氏養國老
於東序養庶老於西序殷人養國老於右學養庶老於
左學周人養國老於東膠養庶老於虞庠虞庠在國之
西郊　有虞氏皇而祭深衣而養老夏后氏收而祭燕

衣而養老殷人冔而祭縞衣而養老周人冕而祭玄衣
而養老　曾子曰孝子之養老也樂其心不違其志樂
其耳目安其寢處以其飲食忠養之孝子之身終終身
也者非終父母之身終其身也是故父母之所愛亦愛
之父母之所敬亦敬之至於犬馬盡然而況於人乎
凡三段其二段亦王制養老之文其一段又內則特
致之情也述王制既畢申之以曾子之言明父母之
志不終於父母之身孝子之身必終於父母之志孝
子之身雖終孝子之心甯有終乎斯爲養老之極而
非凡養老之所能暨也　前言子於父母所愛愛不

必同而加敬禮以終身人子之常也此言子於父母所愛亦愛所敬亦敬至於犬馬而盡然孝子之至也言各有當

凡養老五帝憲三王有乞言五帝憲養氣體而不乞言有善則記之爲惇史三王亦憲既養老而后乞言亦微其禮皆有惇史

仍將凡養老三字提頭發帝王養老之精意師其行資其言傳其言行於子孫實治國平天下之則故序爲養老之終事

以上三節爲一章備言養老之政以齒爲紀而望之

以父母之在爲孝子之老幸也重言養老之制以四代爲故而極之於孝子之終身爲孝子之老悲也乃卒言養老之精意以帝王爲歸擴而引之至天下後世而無人非孝子矣

湻熬煎醢加於陸稻上沃之以膏曰湻熬　湻毋煎醢加於黍食上沃之以膏曰湻毋　炮取豚若將刲之刲之實棗於其腹中編萑以苴之塗之以謹塗炮之塗皆乾擘之濯手以摩之去其皽爲稻粉糔溲之以爲酏以付豚煎諸膏膏必滅之鉅鑊湯以小鼎薌脯於其中使其湯毋滅鼎三日三夜毋絶火而后調之以醯醢　擣

珍取牛羊麋鹿麕之肉必脄每物與牛若一捶反側之
去其餌孰出之去其皽柔其肉　漬取牛肉必新殺者
薄切之必絕其理湛諸美酒期朝而食之以醢若醯醷
　爲熬捶之去其皽編萑布牛肉焉屑桂與薑以灑諸
上而鹽之乾而食之施羊亦如之施麋施鹿施麕皆如
牛羊欲濡肉則釋而煎之以醢欲乾肉則捶而食之
糝取牛羊豕之肉三如一小切之與稻米稻米二肉一
合以爲餌煎之　肝膋取狗肝一幪之以其膋濡炙之
舉燋其膋不蓼　取稻米舉糔溲之小切狼臅膏以與
米爲酏

此迺爲一章凡九段古者以爲八珍也若湻熬若湻毋功在煎沃稻黍爲質醢被之膏又被之若炮豚若炮牂功在塗與湯火候必足而土隔之又水隔之若擣珍功在捶火取熟之非火柔之若漬功在湛酒以脆之非火熟之若爲熬功在捶與鹽本乾而可濡乾爲熬之地若肝膋功在幪與炙由濡而至燋外燋內斯熟而盆之以糝與酏皆極旨甘柔滑之致而爲養老之所珍八珍而二羞以繫諸養老之後也老不必親親無不老繫養親之後者不盡施於眾老而繫養老之後者無不奉於吾親雖謂皆繫養親之後可也

右九章爲內則上篇

禮始於謹夫婦爲宮室辨外內男子居外女子居內深宮固門閽寺守之男不入女不出男女不同椸枷不敢縣於夫之楎椸不敢藏於夫之篋笥不敢共湢浴夫不在斂枕篋簟席襡器而藏之

復鄭重而起與上篇第四章遙相呼應作兩層關鍵

前概言男女此專言夫婦

少事長賤事貴咸如之

此三句連上節爲一章前後凡兩見與首章而爲三

譬之賦形頂腦統乎一身胷鬲管乎中焦要呂聯乎

下體少長貴賤足以盡人類其事足以賅人道治國平天下不過如是之者是也是非兩人之欲而兆民之和故曰咸咸者和也承上文謹夫婦之則而溥之起下文育子教子之則而飭之　三十而娶二十而嫁少事長視此矣夫天而尊婦地而卑賤事貴視此矣連用不敢字爲事字傳神

夫婦之禮唯及七十同藏無閒故妾雖老年未滿五十必與五日之御　將御者齊漱澣慎衣服櫛縰笄總角拂髦衿纓綦屨　雖婢妾衣服飲食必後長者妻不在妾御莫敢當夕

妻有逮下之仁廣生也妾持進御之禮敬事也庶守事適之恭定分也將言生子故原其始而重其入及七十專指夫言夫七十則婦六十左右矣皆無生育之理故不嫌久同不復宅御未滿五十生理未絕故尚侍夜勸息而閒於婦之當夕　婦許嫁衿纓既嫁去髦妾不去髦童孺自居同儕猶讓長況敢擬適乎

妻將生子及月辰居側室夫使人日再問之作而自問之妻不敢見使姆衣服而對至於子生夫復使人日再問之夫齊則不入側室之門

彌月避寢及子未生迎其來而重其事也　作臨蓐也齊遠不潔也

以上二節爲一章重其人體天地之位重其事觀萬物之育

子生男子設弧於門左女子設帨於門右三日始負子男射女否　國君世子生告於君接以太牢宰掌具三日卜士負之吉者宿齊朝服寢門外詩負之射人以桑弧蓬矢六射天地四方保受乃負之宰醴負子賜之束帛卜士之妻大夫之妾使食子凡接子擇日冢子則太牢庶人特豚士特豕大夫少牢國君世子太牢其非冢

子則皆降一等
先統男女言之舉其全也自男射女否而女不復詳矣次乃言接子貣子食子之序乃言天子至庶人接子之等　門左門右直貫中閒翦鬌左右末後拜手左右　子生以下至女否凡生子者盡然　以國君爲則取其禮備而情可通　接子之等首舉天子下反從庶人數至國君正以國君爲則故也
異爲孺子室於宮中擇於諸母與可者必求其寬裕慈惠溫良恭敬慎而寡言者使爲子師其次爲慈母其次爲保母皆居子室他人無事不往

此鞠子之法既生之後未教之前入者主之莫先於此少成若性莫切於此曰異爲曰必求曰他人不往蓋兢兢焉

以上二節爲一章子甫生而教隨之矣或寓教於其無所知動以天也或陰教於其將有覺習以人也

三月之末擇日翦髮爲鬌男角女羈否則男左女右是日也妻以子見於父貴人則爲衣服由命士以下皆漱澣男女夙興沐浴衣服具視朔食　夫入門升自阼階立於阼西鄉妻抱子出自房當楣立東面姆先相曰母某敢用時日祗見孺子夫對曰欽有帥父執子之右

手咳而名之妻對曰記有成遂左還授師子師辯告諸婦諸母名妻遂適寢　夫告宰名宰辯告諸男名書曰某年某月某日某生而藏之宰告閭史閭史書爲二其一藏諸閭府其一獻諸州史州史獻諸州伯州伯命藏諸州府夫入食如養禮

亦先統男女言之從乎母也至妻以見父而女不得同矣同其擇日同其爲鬌而異其見異其名男有帥而女無成男有籍而女不書內外之所由判也

世子生則君沐浴朝服夫人亦如之皆立於阼階西鄉世婦抱子升自西階君名之乃降適子庶子見於外寢

撫其首咳而名之禮帥初無辭

冡世之名由乎父適庶之名依乎母對庶而言則冡

適同貴對世而言則適庶同降

凡名子不以日月不以國不以隱疾大夫士之子不敢

與世子同名

名者終其身之事也故於名生之時卽爲諱死之地

避世子而太子可知舉大夫士則庶人無嫌也

妾將生子及月辰夫使人日一問之子生三月之末漱

澣夙齊見於內寢禮之如始入室君已食徹焉使之特

餕遂入御　公庶子生就側室三月之末其母沐浴朝

服見於君擯者以其子見君所有賜君名之衆子則使有司名之

又別庶於適也大夫士於内寢適妻之寢也君者妾君其夫公於側室不於外寢也賜者君所偏愛有賜當是庶長子偏愛非所以訓

庶人無側室者及月辰夫出居羣室其問之也與子見父之禮無以異也

妻不避寢而夫避之至問妻見子與大夫士同如其有側室亦就側室也

凡父在孫見於祖祖亦名之禮如子見父無辭

見子於祖家統於尊也有適子者無適孫故無辭與庶子同適孫則有辭矣父雖卒庶孫猶無辭也

食子者三年而出見於公宮則劬大夫之子有食母士之妻自養其子

君大夫士食子之等

由命士以上及大夫之子旬而見冢子未食而見必執其右手適子庶子已食而見必循其首

適妾或同時生子大夫士皆見於未食以長幼序不以適庶也天子諸侯皆別以未食已食以冢與適庶分不以長幼也不及庶人庶人不應有妾

以上八節爲一章生三月而爲人之道發軔於此矣
母見之示以有所尊父名之示以有所稟然必食之
三年而後能自食能自食而後敎可施也　父之等
爲天子諸侯大夫士庶人母之等爲妻爲妾子之等
爲家爲世爲適爲庶通計接子見子名子食子之候
爲三日爲三月爲三年
子能食食敎以右手能言男唯女俞男鞶革女鞶絲
六年敎之數與方名七年男女不同席不共食八年出
入門戶及卽席飮食必後長者始敎之讓九年敎之數
日

亦統男女言之三日有教矣而子弗知也三月有教矣而子未覺也荏苒三年能自食矣自食以來知覺日生能言勝佩六年以前師漸可用其力矣六年以往教始可立其程矣至於九年年無虛日男女所受或同或異其同者習便利益聰明敦禮讓將以承父母舅姑之歡其異者體剛柔分健順辨嫌微將以原內外男女之别遂判而言之

十年出就外傅居宿於外學書計衣不帛襦袴禮帥初朝夕學幼儀請肄簡諒十有三年學樂誦詩舞勺成童舞象學射御二十而冠始學禮可以衣裘帛舞大夏惇

行孝弟博學不教內而不出三十而有室始理男事博學無方孫友視志四十始仕方物出謀發慮道合則服從不可則去五十命爲大夫服官政七十致事凡男拜尙左手

十年而男子出矣自就傅以迄致事無非教也父師之教何時可怠其唯終身乎　就外傅而內師謝其事矣然所循者皆其初教也帛太溫恐傷陰氣肆簡無怠肆諒無欺先勺後象文武之次成人大夏文武之備但篤內行不務外著男事受田給政役也無方視志不要小成謀慮服從足以致用服官而爵稱其

德致事而知止不殆凡所教男子之事皆屬於陽拜
而尚左誌陽教也
女子十年不出姆教婉娩聽從執麻枲治絲繭織紝組
紃學女事以共衣服觀於祭祀納酒漿籩豆葅醢禮相
助奠十有五年而笄二十而嫁有故二十三年而嫁聘
則爲妻奔則爲妾凡女拜尚右手
十年而女子不出矣自姆教以迄於嫁嫁後無教乎
從夫之教何事可違亦終其身而已　婉言之柔娩
容之媚聽從德之順以下皆工之勤也學無時而輟
觀則習知之相則習行之有故謂三年之喪聘與奔

隨所遇猶男子之大夫士耳凡所教女子之事皆屬於陰拜而尙右誌陰教也

以上三節爲一章乃教子之正則也教始於右手之同而終於左右手之異男女內外各有微言大義而顧結之以左右手一則近貫角羈弧帨遠注上篇第四章道路之各由第二章佩用之分繫如奇經之陰陽蹻維自腋而脇而髀而踝挾其兩旁而植之動之也一則直應上篇第二章子事父母婦事舅姑彼陡然而雙起此確然而雙止如十二經之手足陰陽由藏府而肩胯由肘膝而支末達於四體而持之行之

也夫然後后王之命不啻元首之尊云

右五章爲內則下篇

內則一篇至理深情奇文奧筆讀之令人駘蕩錯愕求其比方古所謂魚龍曼衍鈞天霓裳或足肰其變幻荒忽然姿引虛稱於心未愜循環諷誦之下因追維耳目所經有二事焉嘗於禮部堂觀演莽失冠紳畢集從容禮坐已而百戲迭進務極巧妙應接不暇其間時有王公大人忽起於坐搖首頓足振振而舞皆應樂節云是禮所當爲了不愧怍一時爲禮爲戲糅不可辨此京師之勝觀也又

嘗於貴遊家聽打十番孤篴一聲響入雲際已而眾音競作忽喧忽幽若斷若續宋故曲千狐之腋萃新聲萬金之裘其縱也繁花爛發其闋也萬籟閴寂四座相顧久之無敢發言此吾吳之絕搆也唯此二事於斯篇之聲容庶乎髣髴

內則章句

同里後學繆朝荃校刊

陳安衜先生年譜

陳安道先生年譜兩卷

先生孫橫山希吞輯

光州後學吳鏡沆學生助款
校刊同里後學唐受祺若飲
繆朝荃蘅甫同校吳縣後學
石方涑君秀署檢光緒十有
八年壬辰冬十月刊成
東倉書庫叢刻之

年譜之作雖昉於宋人其實論語爲政篇所載聖人志學一章即後世自作年譜所起例鄉黨通篇備記聖人一生事實亦即弟子編纂師長子孫追述祖父年譜之權輿然必詳而盡質直而不誣迺可傳世久遠俾讀者開卷瞭然其人如覿所以驗前哲之修爲資後學之觀感有益於世道人心匪淺尠矣陳先生確菴氏婁東名儒負經世大略不獲見用於時所居鄉人化之有後漢管幼安王彥方風與同里陸桴亭盛寒溪江藥園諸先生以道義相切劘世所稱四先生者是也鏡沆幼慕先生爲人長讀其書愈殷景仰戊子冬來知縣事時同歲

生繆蘅甫中翰出先生年譜稿謀付剞劂且補纂世系於簡端抱遺訂墜具徵苦心其年譜則先生孫溥所述簡淨該洽最得體要披閱數過益恍然古大儒隨時勵學敦行不怠月異而歲不同雖遭時變遷而造次顛沛不輟如故深有合於先聖與年俱進之旨爰助刊資用廣流傳惟願都人士案置一編以端祈嚮將志先生之志學先生之學行先生之行闇修實踐日進無疆由是而希賢希聖詎非守土者所厚望也哉光緒十有九年癸巳夏四月知鎮洋縣事光州後學吳鏡沆謹序

陳安道先生世系

同里後學繆朝荃補纂

先生姓陳氏諱瑚字言夏號確菴江南蘇州府太倉州人明崇禎壬午舉人私謚安道先生祀鄉賢祠

配周氏

江南通志陳瑚傳陳瑚字言夏崇禎壬午舉人少通五經求實學鼎革後與其門弟子磨礱名行砥礪經術粹然爲居敬窮理工夫著有聖學入門書四書講義求道錄切已錄等書

太倉州志陳瑚傳陳瑚字言夏朝典子少承家學

通五經凡天官河渠兵農禮樂以及壬奇諸書無不貫串與陸世儀江士韶盛敬相劘切世所稱四先生者也崇禎十五年領鄉薦明年江南大饑上當事救荒四政支吾三策搤腕時政著私議十條續議五條皆切要或勸上之曰此非借箸時也鼎革後奉父避地崑山之蔚村躬耕以養村田沮洳瑚導鄉人築岸禦水歲獲豐穰又與陳說孝弟之義及爲善三約遠近向風遊其門者多俊偉之士冬月常衣單袷客有重裘者欲解以贈竟席不敢言退而語人曰吾乃知當世有陳無已也　國朝

詔舉隱逸知州白登明將以其名上督撫瑚力辭乃已卒年六十三門人私謚曰安道先生巡撫湯斌即其故居爲立安道書院又入祀鄉賢祠

南豐湯來賀陳言夏夫婦合葬墓志言夏姓陳氏諱瑚號確菴太倉州人莊介先生子也幼奇敏孝讓十歲善屬文里中著姓爭以幣聘爲其子弟師友長而任道統闢異端博通經史兼精律歷兵農之學食餼廩試輒冠軍壬午舉於鄉賀分校南闈所得士也甲申寇變言夏齒方剛痛哭焚衣冠棄田宅隱崑山之蔚村力耕自給不入城府化其鄉

之人無悖德治水賑饑法簡而利溥卒之日人莫不悲號奉之廟食以萬曆癸丑年生康熙乙卯年卒祀州鄉賢私謚安道先生巡撫湯公斌爲建安道書院配周氏賢而多能有内助力以萬曆戊午年生康熙辛酉年卒子男五遜邀邁一後於吳名隆一後於陸名輿女三孫男女二十四人歲癸亥合葬於先塋之昭邀及其子大文豐羽來請銘

十二世祖山字可山以曾孫洽貴贈兵部尚書

太倉州志陳洽傳其先浙之樂清人有可山者值元季亂避地平江樂雙鳳土風因家焉

程穆衡婁東耆舊傳陳山字可山其源出陳宣帝第六子曰叔明封宜都王居江州越七傳至褒十世同爨唐僖宗旌爲義門又越八傳至兢子孫數千宋太宗詔每歲賜粟二千石又越七傳至山始居温州之樂清元至正中因弟秀民知常熟州事挈家之任值兵亂即隱其鄉雙鳳里後割建太倉遂爲太倉州人

十一世祖益初字慎齋以孫洽貴贈兵部尚書配沈氏贈夫人

十世祖貞字子固以子洽貴贈兵部尚書

常熟縣志陳貞傳陳貞字子固洪武初母沈患心痛

垂革貞刲股雜羹中以進母食而甦越三日痛復作
貞欲剔心再進母覺之謂貞曰汝誠若爾我心益痛
止之是夜夢土神周孝子授以紫蘇飲服之愈人以
爲孝感

九世祖洽字叔達以薦舉授兵科給事中歷官文選司
郎中大理寺卿吏禮二部侍郎進兵部尚書以討交
阯戰殁贈少保謚節愍

明史陳洽傳陳洽字叔達好古力學與兄濟弟浚並
有名洪武中以善書薦授兵科給事中嘗奉命閱軍
一過輒識之有再至者輒叱去帝嘉其能賜金織衣

父戍五開殁治奔喪會蠻叛道梗冒險間行負父骨以歸建文中以薦起文選郎中永樂初擢吏部右侍郎改大理寺卿安南兵起命治赴廣西贊軍務主饋餉安南平轉吏部左侍郎是時黃福掌布按二司事專務寬大治甄拔才能振以風紀嚴將士功罪建置土官經理兵食剖決如流還朝命兼署禮部工部事七年復參張輔軍討簡定平之還從帝北征練兵塞外九年復與輔往交阯討陳季擴居五年進兵部尚書留贊李彬軍事仁宗召黃福還以治掌布按二司仍參軍務中官馬騏貪暴反者四起而榮昌伯陳智

都督方政不相能寇勢日張洽上疏言之宣宗降敕切責智等命成山侯王通往討洽仍贊其軍宣德元年九月至交阯十一月進師應平次甯橋洽言地險惡恐有伏宜駐師覘賊通不聽麾兵徑渡陷泥淖中伏發官軍大敗洽躍馬入賊陣創甚墜馬左右欲扶還洽張目叱曰吾爲國大臣食祿四十年報國在今日義不苟生揮刀殺賊數人自剄死事聞帝歎曰大臣以身殉國一代幾人贈少保謚節愍官其子樞刑科給事中

八世祖機字靜菴諸生授沛縣教諭未赴私謚明惠先

生以子灼貴贈江西廣信府經歷
雙鳳里志陳洽傳次子機舉永樂十五年秀才授沛
縣教諭感父陣亡隱居不出築鳳村竹舍殁後私謚
明惠先生
七世祖勲字元勲
六世祖瓊字玉成
五世祖鏞字澄遠配張氏
高祖珏字寶之諸生配顧氏
南豐湯來賀陳莊介先生墓志其先張姓自代州遷
太倉家世耕讀有諱昇者兄弟十三人豪於里昇少

子諱珏兒時戲殺其姑之子遂爲姑之夫後始姓陳
爲州庠生先生曾大父也
曾祖復張字覲谿配周氏
祖允臣字守覲配曾氏
父朝典字徵五號温如舉鄉飲大賓私謚莊介先生配
孫氏許氏
太倉州志陳朝典傳陳朝典字徵五以經學重鄉里
學者稱温如先生遭鼎革同子瑚僑寓蔚村瑚操一
小舟販樵鬻布往來湖村得錢市酒進父朝典作一
二小詩好談古來高人獨行鄉里化之輙遣子弟就

學其有小小勃谿誶語搖手而赤曰恐使陳先生父子知也年至七十餘卒

南豐湯來賀陳莊介先生墓志先生諱朝典字徵五學者以其有溫公家法號爲溫如先生謚之曰莊介生於萬歷辛巳年卒於康熙壬寅年爲人端方正大酷類先民少遭閔凶礪志績學通經術多著書篤生名賢自爲之師受業弟子數百人無前後大小教授約束莫不盡其誠舉鄉飲大賓載郡邑志配孫氏繼許氏子二長郎孝廉瑚次文學璉孫男七人曾孫男十五人壬寅十一月葬二十九都六啚使字圩新阡

詳錢謙益文集

安道公年譜卷上

孫　溥　敬　述

同里後學鄒以敬參校并書諱

明萬歷四十一年癸丑公生一歲

公諱瑚字言夏號確菴江南蘇州府太倉州人先世姓張氏宋文定公之後從高宗南渡散居東吳六世祖玨字寶之號西溪爲姑夫陳後遂姓陳入泮爲名諸生自是代有隱德以詩禮傳家先曾祖朝典字徵五號温如尤邃經學端方正直教家有法入每比程氏之伯温朱氏之韋齋年八十二卒

私謚莊介載郡志是年十一月朔予時曾祖母孫
氏舉公
四十二年甲寅公二歲
四十三年乙卯公三歲
曾祖母授以字書輒能記誦自是卽受學於家庭
四十四年丙辰公四歲
四十五年丁巳公五歲
四十六年戊午公六歲
四十七年己未公七歲
四十八年庚申公八歲弟言殷公生
泰昌元年

天啓元年辛酉公九歲江氏聘與其子同學

公至此四書五經俱通莊介公教以小學仍習制義元旦城行邑人江公鼎襄見公端重有成人度趨問名居學業公告之且言已成文矣江駭不信即命題索破公應如響再索再應江大服曰明日子毋他往吾將謁尊嚴及子已而訪莊介公且聘公爲其三子同學中名士韶字虞九號藥園者則陳陸江盛四君子之一也陸名世儀字重威號桴亭盛名敬字聖傳號寒溪

二年壬戌公十歲

三年癸亥公十一歲

四年甲子公十二歲正月始應童子試　二月母孫孺人卒

公擗踊號泣勺漿不入口莊介公憐之命食始食

五年乙丑公十三歲

六年丙寅公十四歲

七年丁卯公十五歲與同學結文會

公幼有大志好讀書至此益發憤究經史務求實學不屑屑治章句也與同志陸重威錢蕃侯盛聖傳輩約爲文會立科條設監史嚴賞罰雖治經生

家言而實切琢以仁義道德蓋即異日講學之基云

崇禎元年戊辰公十六歲受經於趙樽匏先生之門

樽匏先生名自新字我完後舉崇禎乙卯鄉薦深於經學有易論左傳贊論二書公素稟家學至是又與江俊求陸重威王端士異公並從樽匏先生受經焉

二年己巳公十七歲

三年庚午公十八歲社局招之謝弗往

州中社局方張三君八俊之倫鱗集麕至其一二

登壇坫執牛耳者力能軒輊人聞公名籍甚招之

公謝弗往或以危言動弗顧也

四年辛未公十九歲

五年壬申公二十歲莊介公爲公擇配聘於周氏

先是莊介公聘曾祖母孫氏以列女傳女小學爲

儀至是亦然

六年癸酉公二十一歲科試補蘇州府博士弟子員館

於梓亭先生家又館王氏

公與梓亭同受知於文宗甘公學闊梓亭延公於

家以教其養母弟時天下多故兩人知不久將亂

於是講求經濟凡天文地理兵農禮樂旁及奇門
六壬之書無不精究又時時横槊舞劍彎弓弄刀
以習爲有用之具同邑王公煙客慕公學業延公
下帷其家爲其諸子師友桴亭蹴之往乃就焉
七年甲戌公二十二歲娶周孺人
八年乙亥公二十三歲
九年丙子公二十四歲八月子遜生
溥之大伯父也字子謙先是公居婁城之北郊屋
廬褊狹而是時同學受業者甚衆門不能容十月
廬舍災稍遷而西

與江升士書勸學

公雖多同學而勵志聖賢者尚少見升士先生倜儻不羈且潛心經術書中力致規勸之意其略曰昔楊子輿嗟於歧路墨翟垂涕於素絲誠痛本末之異同而慼元黃之遷易也足下高材美器若益之摩礪後何可量然世人大患恒坐悠忽今日不學委諸明日然則學業何爲而不荒功效何由而得見乎又曰足下當上思父兄責望之厚下念朋友切偲之勞屛絕懈萌振興勤志苟爲不然後悔何及嗟乎功業未及建夕陽忽西流越石所以勉

盧詎也古人豈欺我哉願足下置之座側以當古

人夜誦之音

始與陸桴亭江藥園盛寒溪約爲聖賢之學

初公與桴亭同行袁了凡功過格至是方知與程

朱之道尚隔一層冬夜與桴亭宿藥園家三人弔

古論今感歎久之乃别商進德修業之法期以明

年丁丑爲始寒溪聞之欣然相從共學焉里中遂

有陳陸江盛四君子之稱

十年丁丑公二十五歲始作日記

公讀書窮理有所得卽書之是歲至己卯有日記

十一年戊寅公二十六歲科試補增廣生　講學全規
成
　一卷原名經義錄
　規分八則一曰考德二曰課業三曰講論四曰記
　誦五曰經義六曰治事七曰問答八曰游詠會分
　四事一旬會禮二季會禮三時會禮四歲會禮約
　分十章一齋戒必誠二赴會必力三考課必嚴四
　登記必恪五思辨必勤六記誦必熟七約書必踐
　八講論必專九執事必敬十完罰必速他如紀事
　有例齋戒有約有告朱子誓文有德業二錄皆具

內聖外王之規模而條理細密先儒之所未及也

公又言此書簡則易行嚴則寡犯今與諸同志約務期遵守弗愆司其責者必嚴憚以從事于其律者必畏敬以奉承使從前一切苟且因循之習周旋顧忌之私痛懲而悉去之則庶乎其無愧乎切磋有成之義矣蓋公自治嚴而責善切者如此

康熙五十三年甲午巡撫張清恪公以此書同社學事宜及古文集並刊

次子遨生

溥之二伯父也字子莊

十二年己卯公二十七歲初講學淮雲寺

公與陸桴亭盛寒溪江藥園錢蕃侯夏玉汝江升士王登善曹尊素諸先生本講學全規會於北郊之淮雲禪寺　是歲有日記一卷原名治事錄

十三年庚辰公二十八歲再講學淮雲寺　淮雲問答成

有正續兩編公序正編略曰諸君子雖互有得失而中道者殆什之七八蕃侯信道最篤心懷浩浩每涉筆卽劃然中解如尊聞行知之對巧力聖智之論非中有實得不能直截若是聖傳深思靜氣

學力日進雖論事或有未當而嚴儒釋之分辨敬怠之學精矣審矣玉汝所對微存間隔至其詳論未發謂此事既去彼物將來洞見精切直可補先儒之所未逮重威躬行力久大義貫通其於昌邑之議祧應之問發忠孝之旨扶正人倫春秋綱目輔翼之功一人而已虞九天資雅重致知差未及而論朱子之配享獨謂不必亦足見吾黨爲學無雷同附會之習登善虛懷好善究心經術雖未詣深遠而格物致知之說發明之功亦大予識見昧陋學問淺劣卑之無甚高論至於中和之答自謂

稍稍近之諸君子亦若有取焉溥復附補遺一卷

十四年辛巳公二十九歲二月題庚辰紀事

略曰吾黨之有紀事自己卯始也時講會草創精力未逮庚辰歲始與諸公分任厥勞每季則輪一人有善必書有過輒錄披而考之進退得失蓋犂然如睹矣又曰吾黨從事四年往往春夏必勤秋冬必惰豈如一日之有朔氣暮氣歟君子之爲學也優而游之毋進銳緝而繼之毋退速君子所以長有其朝氣者此道也

與如皋冒白耳論學

白耳先生名素貫來書欲與公嚴憚切磋又言文札往來廣通聲氣公以爲聖賢躬行實務不以言求天下且未免如世俗聯社文會之習其弊必至挑達浮僞雷同附會反爲風俗人心之大害或與晉人清談禍世同蓋恐白耳先生志大而識疏故諄諄以反躬實踐正之云

夏以條議上當事

諸議皆切於當日民命者議食五條勸義助勤轉輸勸與販招商米優米鋪議兵八條嚴保甲練鄉兵設偵探勸習射練鄉夫練牙兵備城守之八備

城守之器議信六條勵士節和大戶巡郊野安輿
鋪清獄因議督察又有救荒定議用發錢代米之
法續議三條中又錢米兼發又恐貧戶冒濫吏爲
法四條一設榜通衢二排門點册三貧戶互糾四
嚴行罰米又議改折公費使民免役輸銀以爲米
荒時應免之法又有通變二術秋成開倉收米臨
兌開櫝收銀兵糧不發入盡敷數不如竟用發米
照時減價少許又有補同善會規二條一崇耆老
以風仁壽二勸習射以豫武備先後上之當事不
果行

十五年壬午公三十歲食餼廩舉鄉薦

科試冠軍補廩膳生秋鄉試獲雋主考侍讀何公瑞徵朱公統鉌房考則揚州府推官湯公來賀江西南豐人亦儒者仕至少司馬鼎革後隱居深山不赴徵召後公卒時見公即驚喜曰子不世出之士也吾幸得子當爲性命交勿以師弟俗態拘可也

以荒政全書上當事

預備之政三修水利廣樹藝便積儲防患之政四愼災眚蚤奏報懲游惰勸節省補苴之政四通商

勸分興役弭亂軫恤之政四招流亡緩征宗審刑獄恤病囚　是歲至丙戌有日記一卷原名求道錄

十六年癸未公三十一歲秋八月下第

時因寇亂會試改期八月公以盜賊蠭起國勢杌隉又京師災眚迭見癘疫殺人所對策規切時政主司不敢收遂放歸同年黃陶菴先生節義經術與公有水乳之合未試時京邸共卧謂時事不可爲撫膺長號誓死見志陶菴曰若試而不售猶是草野一介受國恩淺世終不治則竄伏於荒江寂

巽之資著書傳道以畢其餘生亦中道也比榜發
陶菴告捷後以氣節終而公亦不負其志云

與何元長書爲保障計

元長字金城鎮江府丹徒縣人郡守委以積穀守
城之事時公往泰州與之書曰京口爲江南雄鎮
京口安則江南安江南安則三吳舉安但玆事體
重大非旦夕可了旣當雷厲風行又必宜於人情
土俗庶無難與慮始之弊而謗怨不生四五日後
當來面晤也

十月莊介公舉鄉飲大賓

大清順治元年（即崇禎十七年）甲申公三十二歲春三月作逐僧徒檄

其略云佛之盛至吾婁而極佛之害亦至吾婁而極游手我四民其害一瀆亂我名分其害二敗壞我風俗其害三侵削我國課其害四妨奪我正務其害五殄滅我人倫其害六又言人其人火其書廬其居明先王之道以道之在上者之責也告諸先聖請諸上臺鳴鼓而攻聲其罪而討之闢邪說正人心此則吾黨之責也公附記曰入春佛教甚行通國如狂予頗憤憤因作此檄已而思若輩不

可以語言省乃秘不示人偶爲好事者竊去黏諸菴牆登座説法之僧見之歎服遂爲撤壇此亦天理民彝之不容没没也反邪歸正孰非聖賢中人悲夫

開江書成上當事

時泰楚東越紛紛告警而江南吳地數郡尚晏然公以爲吳中大患有急於寇而甚於寇者三江湮塞當夏秋之間山水暴發各邑生靈不免魚鼈民死則田荒田荒則賦絶而盜生必有魚爛土崩之患是外寇未至而内寇先作也乃著開江書五篇

一審勢二經費三役兵四實法五富國書成上之
巡撫王公某不能用也
京師陷焚衣冠
三月十九日京師陷懷宗殉國報至公以親在義
毋死痛哭焚衣冠
爲避地計
公知亂必及吳相地於蘇州之陽城村太倉之任
陽鄉爲奉親避難計莊介公不樂居卑陋遂不果
遷
五月約同袍會哭於公所

公身雖草莽一介而心與君國同休戚懷宗崩後至是率同人會哭文曰逆賊陷闕聖主鞠凶國變異常人倫道盡此普天之所共憤尤吾黨之所痛心某等忝膺王爵已被國恩縱無討賊之權各有捐軀之義敬約發喪之日各備衰絰聚哭詔下仰天泣血且當博浪之椎擗地拊心聊作常山之舌振一世之人心助興朝之光復

復作條議

公聞福王監國南京建策謂必立綱陳紀疏節闊目赫然有振興氣象然後可光復舊物不則亦可

保守江南茍徒江南是圖恐並無江南矣因私議十條一曰定大勢謂封鎮將以恢復地方也二曰擇督撫謂去牽制以扶禦內外也三曰重守令謂崇事權以收錄効用也四曰慎詔令謂陳仁義以鼓動士民也五曰淸賦役謂去積弊以紓民財力也六曰安漕卒謂散糧艘以弭亂壯軍也七曰輯禁旅謂選精壯以分營操陳也八曰厚官俸謂損無益之費增有名之祿也九曰應邊帥謂褒將之忠義防賊之鉤引也十曰復喪禮謂倣春秋之法賊不討則服不除行三年喪制朝野內外皆墨衰

卽戎也

六月作續條議

時南都定位登極詔至又著續議五條一曰備巡幸欲鳳泗承天兩建帝都也二曰除內憂諸將有不臣者誅之以勵衆也三曰防後戸劉河福山南都後戸宜設重鎮也四曰正國法從逆諸臣逃歸急宜誅討也五曰急報復李賊弑逆不共戴天急宜勦滅也議成或勸公上之公曰此非借箸時也

遂不果

繼母許孺人卒

公執喪哀毀如喪孫氏母時

與曾載馨書邀避亂

載馨揚州人未詳其名揚爲兵火衝要公遭新喪又家中病死多人不能往迎乃與書載馨邀攜家南避大略謂江南少安或可暫避鋒鏑且弟素多艮友即有事亦可商保障之法否亦可爲入浙入閩漸漸南徙之計且曰堂上兩大人皆福履康吉乎賢昆玉暨合宅興居安好如故乎廬舍田園皆無恙乎幸一一詳示公待友吉凶同患此亦患難不忘之一也

二年乙酉公三十三歲春二月第三子隆生
溥之三伯父也字用楝以避亂寄於吳氏
郤南都諸公之聘
南都諸公有知公裕經世才者具幣來聘是時國
危主闇用非其人無可爲之道遂郤之
夏六月奉莊介公避亂
聞軍渡江公棄故居奉莊介公行遯吳中諸野初
至雙鳳旋入蔚村又次瀾漕遂達陽城七月七日
崑城破則走任陽十三日虞城破則又走直塘之
曾家灣又走何市之王秀橋七月晦兵至穿山又

走紅廟明日走白茆又明日走沙溪將東行以大風阻夜盜竊舟去既而依沙溪之曹氏以居公流離遷徙而於學不輟有相觀錄今亡

三年丙戌公三十四歲春復移居任陽

任陽爲婁邑水鄉公避地至此矮屋四椽不蔽風雨自號無悶道人然孝養曲至莊介公亦怡然安之公自以國恤家憂不事吟詠而即事觸心聊賦無悶謠一章曰我有敝廬不蔽風雨容膝易安甯懷故宇我有破衲敗絮其中紉鍼補綴可以禦冬我有小瓢空空自守且以酌水且以飲酒我有短

狀足不能直雞鳴而起嚮晦而息嗚呼何乾何坤何旦何暮何醉何醒何寐何寤吾目其矇吾耳其聾生乎吾始死乎吾終

秋復移居蔚洲村

公自序蔚村八勝詩曰蔚村在崑城東北三十里地遠而僻水道紆折無鄉導則不得入焉相傳爲唐尉遲敬德躬耕處陳碩潭即其宅址潭之陽有鄂公祠土人奉以爲社村田修廣千畝窪而頗腴有潭七十二悉種荷花而陳碩潭爲之長楊氏宅即予所避迹處也嘉靖中倭寇海上鳳里周公錫

避兵居此宅周故名賢士人謂此宅前後居停多隱者

四年丁亥公三十五歲躬耕潭上

有田數畝公躬自荷鍤出作入息之中工夫愈進學業愈深蓋不徒高隱而已　後莊介公攜一童一婢於二三里或十數里內課村童三四人并授童婢書賦詩飲酒與公異居蓋所樂在是不可强也公以順親爲主而定省無虚日焉

請同學諸子入村講學

頻年喪亂諸子皆播遷無定講會之廢有年矣至

是復舉講會有書一首約王石隱錢蕃侯陸鴻逸陸桴亭曹尊素江藥園諸人集村中講學

報丁警非論學

書略謂人心日下有言仁義道德禮樂者不獨子弟充耳卽父兄亦且心非是以甯守括囊无咎不出戶庭之訓若來教所謂昌明大道興起絶學是欲鳴鳳凰於鴟鴞之羣遊麒麟於檮杌之內恐世必有怪而撓之者不但無益於人亦且有累於已是以逡巡而不敢爲也蓋公不幸而處此時不惟以身隱亦且以道隱矣　是歲有日記二卷

約村人爲改過遷善之學

公學問深造與同志爲天人性命之學又與村中諸友指陳切近工夫用呂氏鄉約朱子白鹿洞規温公眞率會遺意著蓮社約法五章會約有五父子有親君臣有義夫婦有別長幼有序朋友有信會戒有四不談非禮不發人隱私不謀利欲事不作無益會人有二同屬之親同志之友會期有四論道之舉景物之舉燕享之舉過從之舉會品有三便設特設非常設又有蔚村講規曰端心術曰廣氣類曰崇儉素曰均勞逸又有蔚村三約曰孝

弟曰力田曰爲善又有五柳書堂學規曰德行曰經學曰治事曰文藝又有小學規條曰習禮曰受書曰作課曰講書曰歌詩公知道終不行而隨處爲世道人心之計故設教不厭周詳云

典禮會通成

以周禮與明會典參酌而成爲書十卷天子一內閣二宗人府三勳戚府四六部五各省布政司六各道巡撫七各府太守八各州縣有司九蠻夷長官司十今亡二卷至十卷序略以爲本朝文勝斯弊故祖述周官憲章會典損文就質蓋有微意存

乎其間非敢不知而作也

治綱成

爲書二卷公負王佐之才策天下全局而作此書
倣周禮文體而自爲疏義於其下起於建都封同
異姓設郡縣諸侯極於限田制祿設官度地巡狩
祭祀學校兵刑蓋駸駸乎有三代之遺法焉

五年戊子公三十六歲王石隱陸桴亭盛寒溪來訪
公款留信宿賦詩贈別指蔚村蓮潭古井八勝爲
題每題各賦五言一絕頃刻而成遲者浮白江藥
園顧中菴他日各補詩八首

六年己丑公三十七歲春元夕講學於尉遲廟

公講乾坤二卦及遷善改過之說有蔚村講義一章公謂此會倡之者予應之者合甫其同心同德任勞任費更有幼玉且了諸君又值上元勝日鼎新尉遲神祠合一村鄰里皆與斯會大家讀書行善孝弟力田當斯時而有斯會亦可謂絕盛之舉矣諸湛菴先生士儼記後曰確菴居蔚村三年客冬謀將東徙瀾溪從遊者慰留弗克夕闗乃賦詩四章予作序數十言以尾其行確菴從之故有是會遠近畢至紀其地則橋李畯水婁上玉峯紀其

人則徐樝崖陸默菴侯紀原華天御王石隱盛聖傳王登善徐文若李三有顧麐士陸鴻逸黃幼玉江虞九陸重威陸子就許舜光李丹山李湛明錢梅仙紀我宗人則俊甫且了嵩叟庸夫孟雲三錫孟膚夕闗里民環而聽者無算

夏村人饑擬周急法私社倉法

公見村人借貸富家有輕出重入餘費重息諸弊往往十去七八而人之欲濟一時之急者不得不受其累因擬爲周急法有事目八條大約春末發秋冬收數不過五斗而簡易周至人皆賴之公自

序謂此法較之社倉爲尤易蓋社倉有積聚則生覬覦而此則無積聚之患社倉有出入則有耗損而此則無出入之煩社倉難在擇人而此則無怨無德則任事易矣社倉難在鮮終而此則可作可輟則興舉易矣本人所借即本人自領則不憂中飽本家所出仍本家自收則不慮挪移斂本鐲息便可施仁則惠而不費斗粟斛米即可見德則廣而不窮蓋一舉而數善備焉因以告諸同社諸君子皆欣然樂爲之遂姑試之於一村公又擬私社倉法有例十四則略如周急法序謂目擊村人借

債之苦減數口之養存米幾石立私社倉法大略春夏米貴秋冬米賤今不論時價借米償米又止收三分之耗甯虧本不取利雖涓滴之惠亦足稍稍周急也五月中有年友葉嵋初遺粟即公之村人有絕句一首紀其事後館隱湖所得館穀分饋親朋并門弟子家於村則按貧戶給發蓋公自奉甚薄故菽水之外復得波及云

葉白泉遺魯國圖

白泉名德榮字國華崑山人聞公講經村社乃遺是圖并詩序云昔謝皋羽浪迹海上摹魯國圖於

定海學括蒼間隱遯之士講經山中遺以是圖與夫子像對朔望肅謁國華嘗讀其詩而歎之前者司諭此邑即詢此碑鮮知者後得老人年八十餘矣言幼時曾見此碑半埋土礫中指其處掘得之已深數尺爲立堂廡間復還舊觀摹其本藏笥中久矣確菴陳子今之古人也講學瀫溪之上從遊者衆乃倣皋羽意以是圖歸之詩曰舊傳蹟不朽寤歎覩彌新席煖成梓里桴安即海濱龍蛇潛大道鳥獸閱斯人異代同懷日規趨古逸民公答詩序謂朔望敬懸草堂瞻拜興俯一如方吳諸公以

仰成先生與人爲善之意因依韻和之曰寶物幸相其燭天光氣新恍疑龍馬象重出大河濱被髮思先隱依牆見聖人周行眞好我慚愧是天民

與顧伊人書勵學

公謂天地間道理本極尋常譬如穿衣吃飯只完得做人兩字非有迂怪可駭之舉也吾弟當此妙齡物感未深正宜及時策勵爲天下第一等人物讀書不可無課程不宜怠忽亦不必貪多妙在優游無間須日計不足月計有餘爲善詩歌唱詠是游藝工夫誦讀之間借此收檢放心亦是一法要

之窮理考道進德居業尚有種種要務以此爲餘力所及可也

《頑潭詩話》成

上下兩卷皆同人憂時傷世陶情寫性之作每詩必係以人事紀以歲月公序謂自甲申以迄今茲其間有一人爲一類者所南心史之續也有一事爲一類者月泉吟社之續也有一時爲一類者谷音之續也溥更附補遺一卷於末

辭玉峯瀾溪諸子挽留

公居蔚村三年與諸氏莊甫惠甫諸子及李萼青

陶茂先黃幼玉輩道義往來至是聞公欲之隱湖
諸子欵留爲講道之地公與書略謂家大人年已
傳家僻處東土爲人子者定省温凊之禮缺焉無
聞使垂白之人形單影隻餬口硯田早夜以思有
大痛於厥心者故欲移家奉養冀少盡人子之職
又言諸君子有爲善之資第當察識而擴充之因
其所長攻其所短沉潛者剛克高明者柔克豈非
歸而求之有餘師者又曰滇南文介石先生當今
後學之表帥也僕將爲諸君子延之尉遲廟中兼
一村之教鐸而東嵝有數君子則又僕數年來相

與問道考德者也倘得文先生講論於前東嫂數
君子嚴憚切磋於後僕亦雍容揖讓奔走周旋於
其側僕之願也

秋館隱湖毛氏

虞山毛子晉聘爲子弟師遂移居隱湖時莊介公
居沙溪公以不能朝夕侍養乃奉居焉自此館於
毛氏者六年　自丙戌至是歲八月有頑潭詩集

七年庚寅公三十八歲春正月自隱湖歸築村堤

自此公數遷而以蔚村爲鄉井村窪下多水又連
年傷潦村人饑餓且死或逃徙他境或鬻身及家

公慘不忍見知因歷年無岸諸堰頽廢之故村人又以周圍十五里之廣中藏十八字圩之煩費大工勞難以興築公先行勘實酌成條例至是照法施行五日告竣人皆服公之材略有築堤書一卷序略謂低田之賴圩岸甚於都邑之賴城郭而人情每惜小費而誤大計愚嘗約略其費爲田一畝當出粟三升爲田十畝當出粟三斗百畝之產出粟三石歲當入租百石是以三石而易百石也千畝之產出粟三十石歲當入租千石是以三十石而易千石也較之歷年賠糧之費有出無入相去

不萬萬乎後果不費惠而功竣至今百年有餘利焉　又公陰用軍法部署於派工撥夫之中周圍十五里高廣堅厚屹然如城工省而效速上官聞而豔之以公法行諸一省其利益溥矣於是蔚村大熟稱良田而民用安集煙火漸盛村人歸功於公公有功不伐築圍紀事中謂非黃幼玉諸且了庸夫不成也

夏四月講學隱湖

時虞山學者奉公爲道德師奉行日程至是請公主講爲講大學聖經大旨門人錄講義一章其略

謂諸子中有年當入小學者有年當入大學者小學工夫其大綱盡於入孝出弟數語其節目詳於文公所集小學中大學工夫只此聖經便是先儒謂先讀大學以定其規模蓋大學有間架節次使人逐件塡實他而今且把來反覆詳究融會貫通依他做去又曰八條目恐人看得平常了故予又分出幾件作爲日程定一個改過遷善的法則蓋自己能遷善改過便是明德能勸人遷善改過便是新民自己遷善改過與勸人遷善改過必要事事循天理無毫釐未當便是止至善又曰其間徹

上徹下成始成終只是一敬字

復王周臣端士郤社事

先是有人將公姓名入社至是周臣端士移書請公公復書謂吾輩自喪亂以來正當側身厲行若徒溷溷濁濁餔糟啜醨暮楚朝秦東奔西走日復一日虛度此生反不如禁足掩關坐禪入定猶不失賢智之過也兩仁兄天資高妙又當盛年暇日宜究心於聖賢體用之學處則守先待後出則濟世安民省無用之費以爲有用之費節無益之勞以爲有益之勞豈非眞實受用若徒熱鬧場中屢

盟數會廢時失事毫無補益竊爲仁兄所不取也

冬以漕兌議上督兌吳公

議言今江南漕事之壞未有甚於今日者而官收官兌五兩五石之說紛紛議論不能成功民命呼吸刻難再緩必欲救此羣黎計惟具詳各憲大加整頓申飭有司凡從前積弊力行掃除使百姓省一粒則沾一粒之惠省一錢則沾一錢之惠此目前清漕救民之急者也因列革弊議十二條一革各衙門公費二革領兌差役三革旗軍需索贈耗四革旗軍擁擠倉場勒捐畫票五革派兌不均六

革糧斛不准七革糧米折銀八革倉役妄索雜費
九革倉場積蠹包收包兌十革糧戶虛報米數十
一革糧長排年剋剝細戶扳兌詐害十二革總書
洒派公又言若官兌之法得行則尚有簡便之法
容另陳云．

八年辛卯公三十九歲秋嘉禾屠閣伯俞右吉張白方
潘美含陸冰修來訪講學淮雲寺
口占贈別絕句一首云弄月吟風興不孤平分吾
道與鴛湖一宵蕭寺明燈話得似天泉擊鼓無
九年壬辰公四十歲春三月訪同年黃陶菴殉節所

陶菴先生以節義終公至是訪其死所見壁間血痕縷縷向空拜而哭之詩曰天心人事總難回氣作山河亦壯哉碧血九京懸劍恨素車雙淚束芻來流風尚有傳書在末俗誰將大道裁還憶方舟江上語可憐絲鬢漸相催

與同年徐昭法書索其尊嚴勿齋先生遺書入續正氣集

勿齋先生名汧字九一長洲人明少詹事以殉節死其子昭法名枋號俟齋隱於上沙公與昭法書曰海內之士能先幾引義從容含笑從汨羅止水

之遺如我老年伯者曾有幾人弟思裒輯殉節諸
公行略并其詩歌續昔人之正氣集此亦後起者
之責也老年伯必有家傳及遺書乞年翁傾篚惠
教
冬十月公第四子生
不肖溥之父也諱輿字以載號一齋寄於陸先生
鴻逸諱羲賓溥之嗣祖也隱於西郊精奇壬曉兵
法與公論道賦詩有夙契焉公避世無定所故效
昔人寄子之事而成公之志者則嗣祖與吳君東
溟也

聖學入門書成

一大學日程以格致誠正修齊治平爲大目二小學日程以孝弟謹信愛親學文爲大目三内訓日程以德言容功爲大目各分註善過細目於其下又填敬怠分數於其上逐日分記半月總結皆所以引人於下手工夫也公序大學日程曰大學者初學入德之門而此日程者又入大學之門也格致誠正修齊治平大學之條目也條之中又有條目之中又有目則此日程所載者是也學者於此能究其精微之藴而又推類以盡其餘則至於聖

賢不難矣序小學日程曰古者小學教人以灑埽應對進退之節事親敬長隆師取友之道詩書六藝之文夫子入孝出弟數言足以盡之矣今約其大凡定爲日程較之大學條例則簡而明簡則可守明則易從所以便幼學也使爲師者以此教而爲弟子者以此學焉亦可以養正而爲作聖之基矣序內訓日程云夫婦人倫之本也君子之道造端乎此故特列內訓條目以爲正家之要焉是時學者遵之比中州湯文正公撫吳曾以頒示學者吾婁沈敬亭先生按察中州時亦曾重刊以教書

院士子

安道公年譜卷上

同里後學繆朝荃校刊

安道公年譜卷下

孫　溥　敬　述

同里後學鄒以敬參校并書諱

順治十年癸巳四十一歲州守三韓白公欲見辭之

白公名林九字登明剛方勤敏有賢聲甫下車即乘小艇候於雙鳳里累日復至村欲見公公不之見但以書報之且送書三部而已白公益歎服焉厥後慕公不已致書於公有如不我鄙長跪請教之語公終不往時人兩賢之

復三宋論學

長洲宋實穎字既庭德宜字右之德宏字疇三留心理學請業於公公復書謂諸先生以師傅卿相友教士大夫爲已任如程朱之有姚許且謂標榜不必太高聲氣不必太盛門戶不必太分闇脩實踐日進無疆可也

往鹿城講同善會

會語謂是會俶於錢啟新盛於高忠憲丁清惠往歲錢希聲萬懷侯兩父母踵其法而行之大約勸人節其贏餘以濟鰥寡貧而善者始沾其惠至於孝子節婦則特給獎額以表揚之蓋於周急之中

寓勸善之義義兼教養至良法也又曰今日爲此較難而諸君翕然樂舉始知爲善非難人自不肯爲耳又曰就善會言之孟子説無惻隱之心非人也則知人人有惻隱之心人人有同善會的念頭但要今日倡始已後只管接續將去又曰又有進者人有五常仁義禮智信今舉行善會只做得仁中一事須從此擴而充之將義禮智信一齊用功始得又曰今不要但説同善反要説獨善今日會中説話行事人人共見共聞斷無有不善的明日閒居獨處身心念慮間也要察其是非善惡從此

着力方是

明長洲使君李如石訪公於毛子晉蔚溪草堂　小
學三字經養蒙故事成

公以坊刻三字經日記故事駁雜不純有乖養正
之義乃以朱子小學內篇集三言韻語以外篇集
養蒙故事後王登善視學楚中刊頒學校今亡

留文介石先生滇南之歸

介石名祖堯字心傳雲南呈貢人以貢士授名山
訓導尋遷太倉學正廉靜和易學有體用頒諸生
儒學日程書善過月朔集明倫堂考其進退諮詢

以古先聖賢之道相勸勉一時翕然以爲孫胡復
出國變後棄官居蕭寺自號日月外史婁人皆謂
介石先生爲今之聖人以滇南兵阻不歸者且十
年矣郡人黄孝子端木以尋父自滇歸述貢城屠
戮獨先生闔門無恙西軍封而識之曰此文秀才
家也其盛德之感如此端木又言滇南有路可達
介石先生遂有歸志公謂文先生爲吾黨師表去
則此邦之人於誰問道乃賦詩六首以尼其行末
一章云尚有將軍出漢關小朝廷是舊江山文犀
輸貢哀牢國狂象前驅板楯蠻鉅鹿馬嘶秦楚際

王官人在亂離間歸心且付東流水待到蒲輪始
放還
十一年甲午公四十二歲元夕集同人於尉遲廟請文
介石先生講蔚村三約
介石先生來訪公集同人於尉遲廟請先生講孝
弟力田爲善三約環坐而聽者三百餘人公有詩
曰老屋荒江寄此身鶩黃溪上柳初匀鄭公鄉俗
慚君子漢代衣冠見昔人社散樵漁禽語亂酒催
絃管月華新武陵尚有桃花路湻樸山川一夕春
輓瞿稼軒先生

明大學士稼軒先生名式耜字起田常熟人與門人少司馬張同敞別山同日就義於桂林至是稼軒先生之喪至公拜而輓之以詩序謂稼軒先生一君死復立一君則世傑之忠留守重地以一人當敵則宗澤之志絕命之詞纍纍數千言則文山之歌牙將家人慷慨就義則江萬里之義公之死眞可謂重於泰山矣詩四首今錄首章曰殘山剩水強揞持回首中原竟屬誰鎖鑰無人諸將去衣冠有主二陵知書生義盡平原日丞相名成柴市時子自殉親臣殉國一門忠孝足吾師三章曰五

載經營志未平溶江半壁老空城曾無將相甘薪膽但有門庭起鬬爭千古人倫存主僕一時吾道見訂生呂蒙後死無多日枉與人間罵姓名

夏四月講學印溪

時公過沙溪顧雅儔先生請至館舍爲其及門學者講學於印溪書舍有印溪講義一章指陳論語後生可畏章大意謂後生果能乘時奮勵不敢怠荒安見前輩地位不可驀地跨越爲聖爲賢可大可久有誰限量又謂子弟聰俊的是高明一路其病常在縱肆樸實的是沉潛一路其病常在惰廢

縱肆即孔子羣居終日云云孟子所謂自暴惰廢即孔子飽食終日云云孟子所謂自棄二者皆不可入道今諸君質性馴美自暴之惡斷然不犯若因循之失蹈者常多務期勇猛精進勿使一念懈怠一刻虚廢方爲自愛又謂存誠二字乃爲學大綱領其工夫節目則不出致知力行二條又謂禮樂二物尤致知力行之切務禮只是敬樂只是和即今瞻拜講論嚴肅有節就是禮之所在心恬氣靜出言有章就是樂之所在禮樂之實豈在身外人自不思耳　自己丑九月至是歲詩有隱湖集

十二年乙未公四十三歲春館明廷尉李映碧家

映碧名清字心水是時以二子結昏江南因僑居

崑山聘公訓其長子稹又儒者葛雲芝葺其園林

治書閣請公往來其間爲其子弟矜式而崑之賢

俊多及於門

贈熊魚山先生詩

卽嘉魚熊開元先生贈詩題序曰靈巖檗菴和尚

故黃門魚山先生也崇禎末直聲震天下今逃於

禪杖錫至玉峯予拜而見之贈詩四首今錄首章

曰已無姓氏挂人寰尚有聲名重泰山萬里一身

餘滄浪十年雙橋老閘關龍腥怪雨江城黑鴉背
殘陽木葉斑爲問天涯幾知己可能留得舊殷頑

復晉錫公辭主講會

錫公名恤功崑山人時公館城中李氏錫公請公
主講席公復書謝我生不幸義當如袁閎土室閉
關息交穴一竇以通飲食斯其分耳若乃登壇高
座聚闔橋之衆開廣大之門恐近日風氣隨聲附
和者多而眞實爲己者少此非遯世者之所宜爲
又謂仁兄毅然任道昌明而光大之竊意必有聞
風而興起者弟當間一與會以觀盛舉或不棄我

則亦時出一得以相質於高明之前庶乎其可也

秋八月講學玉峰

有時習講義一章大略謂爲學不可不講而後人講學未免樹立門戶黨同伐異大率口耳之學與身心性命絕不相干甚至爲名爲利與戰國處士橫議晉人淸談禍世無別故三王之後張江陵執政禁絕道學原是講學的不是故講學必要躬行躬行又要講學又謂夫子開口便說學字學者效也爲子自不能孝須學古人之所以爲孝爲弟自不能悌須學古人之所以爲悌爲臣當忠爲友當

信亦然又謂堯舜周孔相傳以來都是這一個學字到後來學又不同了有莊老之學有楊墨之學有管商申韓蘇張之學與吾儒相去懸絕就是吾儒之學亦有不同如馬鄭之學止於訓詁韓柳之學止於詞章都與身心無關道學都不是了畢竟如何是學只是大學格致誠正修齊治平這纔是學又言近日博弈與時習相反結社與朋來相反科舉與不知不愠相反又言不能時習信得朋來不愠所以必要時習時習只是致知力行門人錢掇記曰玉峯講會倡於客秋主之者晉恤功道長

也恤功向有司鐘司磬上香焚帛諸儀節先生約繁就簡拜跪以序肅如也在坐三十有五人先生開示切實聞者無不悚動講已恤功復舉中庸首章相質先生復發明動靜合一存理遏欲之指最爲詳盡惜一時不能盡述云

辭白林九使君薦舉

時　朝廷詔徵山林隱逸白公首舉公名應辟會公同年友立朝用事亦以公名特薦檄下趣就公辭以疾堅卻之不得已致書白公略謂家君年將八旬經年高枕即就館虞山亦移家奉養朝夕不

離左右所謂盡忠之日長報劉之日短也即現在
仕途亦應陳乞終養豈有違親遠遊之義如不念
垂白强顔應命尚可以爲人尚可以爲子乎又謂
台臺必不肯收回成命則某當作一變計即貪生
畏死不能從漢兩龔於地下而削髮入山遊方之
外自分力能爲之況所欲有甚於生又少而習聞
其說萬一急不擇音得毋爲台臺仁政之累乎白
公知志不可奪事遂寢　又案公日記有云白公
以某名達之撫軍撫軍達之省督友人聞之於予
予駭甚欲往面辭内子曰昔欲見而不得今不召

而自至毋乃輕身乎予曰不然是當審輕重之義今所重在薦與不薦不在見與不見若守不見之義而聽其行文坐成遂事則爲累無窮不如先事消弭則一見亦未爲失身也意者先致書而後面辭耶此爲與白公往來之始

報李廷尉書論明哲之義

來書自述當事薦舉公復書謂閣下非慮回面易行而喪其所守但恐制行太高立身太潔觸要人之忌成周章之局耳似宜相機觀變稍示委蛇當事固請不妨一見謝之不必踰垣閉門爲已甚之

行此在閣下未爲屈節也天下事大約中庸不可
能蘇卿持節十九年未嘗不娶胡婦管幼安不肯
仕魏承詔未嘗不歸中國陶元亮不折五斗腰未
嘗不爲飢驅文文山之正氣未嘗無黄冠故鄉之
請謝疊山之郤聘未嘗不上感恩之書也故聖人
繫易之詞於遯則曰不惡而嚴於解則曰見惡人
无咎所謂挫廉逃名儉德避難皆古人知柔知剛
與時偕行之妙用與其矯激而纏綿不解何如權
變而得遂初心願閣下三復斯言也　是歳有日
記一卷至丙申詩有玉山集

十三年丙申公四十四歲春二月講學於諸庸夫草堂
有不違仁講義一章門人李王燧記略謂顏子工
夫只是克己復禮克復只是一個改過遷善除了
改過遷善更別無法即如頃間諸君子對聖像書
過須如嚴師在前有一種痛自刻責的意思又如
犯罪過懲治一般有一種惕厲自新的意思不要
今次如此後次亦如此看做虛文套子果能眞實
爲己不患不到顏子地位

再講學於靜觀樓

有白鹿洞規講義一章門人錢嘏記後日桴亭先

生以書延先生講學於郁存齋先生之靜觀樓婁嘐崑三邑與會者長幼百有二十人文介石先生南面先生桴亭北面介石講畢桴亭以推先生先生開導如此而赧記之略謂朱子白鹿洞規幾條無非四書五經的話平平常常無甚奇怪朱子揭之於壁以教學者只爲道理原是平常沒有奇怪若行得這幾句便是爲聖爲賢若行不得這幾句便是下愚不肖然世人多不能行者只爲不能立志又曰諸君必先要立志又須知今日之舉不要看做社局不是角立門戶也不是標榜朋黨只要

曉得爲已兩字纔說爲已則凡一切姤忌好勝夸大勢利之心都用不着只是閉戶闇修眞眞實實做去

李映碧先生遺地圖詩以詠之

詩云圖畫山川感慨多邊陲風景近如何入關無復蕭丞相聚米空思馬伏波兩戒一江橫似線九州五岳小於螺錯疑留守魂歸夜風雨聲聲喚渡河

夏同毛潛在錢梅仙弔明戚舍人宅

乙酉之變澄江拒守者三月城陷舍人闔門自焚

死者二十一人手書於門曰明一門殉難文華殿中書舍人戚勳號羽明之家復書壁云非能殉節爲死忠之臣實欲完髮以作大明鬼耳時公閒虞山毛子晉門人錢嘏過澄江爲訪其故宅墨蹟加新堂中兩棺其一則舍人暨從死者十四人其一則繼妻侯氏妾程氏葉氏蔡氏女三姐八姐九姐皆燼中餘骨也公偕二子拜而哭之以詩曰白骨埋青草全家烈焰餘夜來牆上月光照數行書

五月第五子邁生

溥之叔父也字子行　是歲至己亥有日記一卷

十四年丁酉公四十五歲

是歲至戊戌有婁江集詩二卷

十五年戊戌公四十六歲　秋司李吳錦雯任吾郡見訪不答

寄詩六首多規諷之意一章諷其治事有曰已有才名推國士豈無經術爲蒼生二章諷其恤民有曰胥爲催科多害馬農因剜肉誤春蠶三章諷其知人有曰行同孺子方眞士文類相如未是才四章諷其稱職有曰吏簡宏才終作相建封直節早知名五章諷其省刑有曰但使有文懲黠鼠何妨

疏綱漏窮魚十六章以病辭謝有曰聞道獨留青眼

在不將苛禮責陳登

同年史曉瞻觀察浙西以書招辭

有詩二首見婁江集

離憂集成

公以國變後諸賢懷奇負異而肥遯不得志者紀

之以傳綴之以詩列爲一集取太史公離騷者離

憂也之意以爲名時與從遊集並刊行世厥後有

以板質他姓者先君子一齋公償其值而歸之於

家其朽脱不全者不下數十板溥爲之搜羅補輯

復得若干已不見當時之全璧矣吁

十六年已亥公四十七歲築墓蟻橋涇

價買直水田五十餘畝將爲新阡郎開河積土公

手自封植不惜勞瘁

從遊集成

公輯門人小傳詩歌爲書二卷　自丙申至此有

日記二卷

十七年庚子公四十八歲春正月訪徐昭法於鄧尉

昭法先生與公飲酒山中公郎席賦詩曰一夜寒

香萬樹開相逢花下且銜杯窮途兄弟難成醉故

國風煙易入哀雪滿山中蘇武窖雲橫江上謝翱臺寸心不盡斜陽晚溼徧青衫首重回

門人李秋孫忍飢肥遯擬招同人買山助之

秋孫名王熯更名聖芝一字雹觀太倉籍嘉定人長蘅先生之孫嘗傷父死非命孝有奇行長於詩古文公稱其不事生產篤於氣誼因作詩以贈之曰碧天斜插翠芙蓉人業甘爲石戶農室有萊妻能共隱身無呂桶可相容采薇只可從孤竹辟穀非關慕赤松願得同心敦舊好借錢三萬買青峰

五雲洞弔顧蓊洲先生

先生名天敘字禮初崑山人明萬歷戊子舉人知江西鉛山嘉魚等縣棄官後結廬鄧尉山之五雲洞公詩引云甲申歲卜隱鄧尉謀於筍洲先生先生贈以五雲洞下茆亭古屋後以亂故不得達今日重遊此地先生已不食周粟而死石歙水涸亭榭蕭條不勝感悼情見乎詞曰十五年前相宅來白雲深處草亭開水流花謝先生死洞口無人滿翠苔

珍珠塢弔楊維斗先生

先生名廷樞長洲人明崇禎庚午舉應天鄉試第

一以殉難死公詩曰關西夫子是人豪和淚題詩
血漬袍此夜空山聞鬼哭長松千尺向風號
拜高忠憲公祠
忠憲名攀龍字存之號景逸無錫人明左都御史
死於璫禍公詩曰巍巍先哲祠瞻拜動歔欷正學
吾儒少孤忠異代思溪雲依檻靜松月下檐遲能
使山靈重游人或未知
入維揚弔史忠靖公哭鄭天玉懷曾載馨
忠靖名可法字憲之號道鄰大興籍祥符人明閣
部殉難維揚天玉名爲虹江都人明御史殉難浦

城載聲見前公有揚州雜感詩其二一章弔史忠靖
也三章哭鄭天玉也五章懷爵載馨也見淮南集
至昭陽訪李映碧先生并訪高士陸元輔宗子發李
謙吉草堂讌集
公詩序曰余訪李映碧先生於昭陽之食邑明日
乃求高士陸元輔宗子發李謙吉之廬而一一徧
訪之已而諸君子置酒招予至則闢一草亭匡坐
其下在坐者李艾山元又九畹及從遊雅什仲八
人而已酒半予乃酌諸君子而告之曰嗟乎天下
事尚忍言哉夫子係乾之初爻而曰龍德而隱者

也士生今日不具變化之才霖雨之用惡在其爲
隱哉三代以下有其德者惟南陽之卧龍然其言
曰苟全性命於亂世不求聞達於諸候信斯言也
三顧無先主則亦躬耕老耳此其所以能屈能伸
而與伊呂相伯仲也揚雄草創太元寂寞清淨然
其卒也劇秦美新貽羞千古文中子之學醕乎醕
者也太平二十策所獻非其時君子惜之然則儒
者之立身持己進退言動之際其可不慎乎哉願
諸君子相與勗之將以此亭爲息壤也諸君子皆
逡巡避席而興曰敢不早夜以思無忘今日之會

乃各賦五言一章云公詩曰茅亭天地在吾黨尙能容草色青袍暗林光綠酒濃江潭愁正則湖海老元龍吳楚傷心處浮雲蔽幾重

夏五月講學於水繪園

公過如皋訪冒辟疆吳白耳石夏宗宗彥先裔承陸諡之余公祐諸先生館於水繪園中朝夕論學公將歸諸先生請公一言贈別乃爲之略陳中庸大意有水繪園講義一章門人瞿有仲記大約始於危微精一之義極之誠身盡性而切指工夫於致曲謂讀中庸一部書細細玩味實實體驗便見

堯舜孔孟程朱相傳道理點點不差只要從致曲做去前所著聖學入門書原是摭拾諸儒緒餘要人做致曲工夫今日講論一番也是摭拾諸儒緒餘要人明白這致曲工夫是千聖相傳心法

冬之楚中學使王長源幕

長源先生名登善字發祥夙與公講學者至是視學湖廣禮公爲賓公爲長源論文書示多士謂諸生之病一曰認題不明二曰油腔惡套三曰勦襲雷同四曰割裂生湊五曰訛寫别字是皆平日不肯讀書爲善或以聲色貨利亂其心或以賭博健

訟昏其志故遇試則苟且如此又謂文行原非二物聽其言可以知其心覼其文可以卜其行不佞蒞任以來刊布大小學日程社學規條小學三字經儒門五戒等書無非欲誘進諸生相與有成今之惓惓爲諸生告者豈徒爲區區入股起見亦豈徒爲一日之考試起見耶社學事宜凡四條一廣社學一重社師一詳教法一勤勸戒社學禁六章教子弟以興禮義重喪葬以厚人倫闢異端以崇正道敦樸儉以保家業息爭訟以免刑罪化愚頑以息盜賊儒門五戒一曰逆二曰淫三曰貪四曰

僞五日薄大學日程小學三字經見前　自正月
至三月詩有鄧尉集四月至九月詩有淮南集是
歲至辛丑有日記二卷
十八年辛丑公四十九歲秋歸自楚病至明歲痊
庚子十月至是歲八月詩有楚江集日記一卷
康熙元年壬寅公五十歲秋七月父莊介公卒　冬十
一月葬莊介公
自此公廬墓時多
二年癸卯公五十一歲述莊介公行實　記貞道先生
祠

記謂先生以崇禎癸未任太倉州學正越三年乙酉棄官僑居僧舍又十有七年辛丑先生歎曰吾老矣黃冠歸故鄉其繼先祖志乎遂南還道病没於桃源縣門人顧士璉聞之率諸生爲位而哭於僧舍之西偏鄉大夫皆弔癸卯秋三年心喪畢士璉哭而告於衆曰先生百世之師也昌明儒學以日程訓士士習丕變樂天知命身愈潛而道愈光其介然有守貞也德充於躬而物化之道也宜私謚貞道先生乃榜其室爲思賢廬而歲行春秋二祭先生姓文諱祖堯字心傳別號介石雲南呈貢

縣人記之者州人陳某也
三年甲辰公五十二歲弟琫亡　夏如虞邑避暑破山
寺
壬寅至是歲四月詩有蟻橋集五月至閏六月詩
有破山集
四年乙巳公五十三歲遊苕溪次子遨門人吳歷從
是歲詩有苕溪集
五年丙午公五十四歲移居虞城　州守陳庇屏屢訪
不報簡以詩
詩云海邦爲政素艱難況復輪將令來寬煙火蕭

條勞夢寐繭絲調劑竭心肝疏排力繼前官績暮夜羞承大吏歡六載琴堂欠三拜恕他疏懶是方干蓋皆規諷之意　是歲詩有山樓集

六年丁未公五十五歲春徙居婁之西郊　衢州葉靜遠先生來訪

靜遠先生名敦艮字道資客春書來未報至是又訪公於郁存齋先生之靜觀樓相得甚歡公寄詩二首曰三衢煙水隔重重一夕相思命駕從鳴待朝陽知隱鳳氣噓春雨識潛龍垂名似欲聞諸葛抗節曾聞效兩龔自接魚書勞夢寐敢辭風雪袖

龍鍾紫陽人去道無傳緣竹消沈五百年盡墮虛
空成鬼國誰開雲霧見青天身更喪亂才逾健日
擊顛危志益堅獨抱遺經來論學笑看邊讓腹便
便
鴻逸先生延公於太微道院課子
院在西關外公嘗有自歎詩云禪房道院寄閒身
二十年存一角巾夢入槐根曾作將文陳天宿強
稱臣耽詩易得傷時句愛酒元非用世人颯颯涼
飈無四壁臨邛司馬未全貧
七年戊申公五十六歲始出周易傳義合闡示學者

自丁未至此詩名西郊集

八年己酉公五十七歲　耕墓田病痁幾殆　夏座主

南豐湯公惕菴來訪

公時卧病廬墓惕菴至論道數日　是歲詩有後

蟻橋集一名墓田集

九年庚戌公五十八歲館嬰城

是歲至壬子詩有東野集

十年辛亥公五十九歲夏移家獅濵朱氏　爲婁東十

老之會

公與鴻逸先生爲此會略仿香山洛社遺意吳門

高士張永暉繪圖誌盛，而延陵吳譽施亦做西園故事敘而記之曰：裹道人幞披居士服者爲陳確菴；方外裝與確菴濃談而行行且止者爲宋菊齋（名龍，字子猶，年六十四）；幅巾赬顏執經而辨論者爲陸桴亭（名字見前，年六十一）；正容端坐指揮如意者爲郁存齋（名法，字儀臣，年六十五）；高冠而髯抱膝南向而如有所商榷者爲顧樊村（名士璉，字殷重，年六十四）；坐樊村之右聞言而解頤者爲盛寒溪（名字見前，年六十二）；倚雲根對白水而哦者爲王隨菴（名撰，字巽公，年五十）；戴笠投綸者爲陸鴻逸（名字見前，年七十一）；露頂扶杖而危坐者爲王莊溪（名育，字石隱，年八十）；若將問

奇於莊溪而徐步近側者爲江愚菴名字見前年六十

十一年壬子公六十歲春正月哭陸桴亭先生於其家

公與桴亭先生爲道義交者四十年志趣學術無不相同桴亭死公痛哭而告之以文　是歲有日記一卷

十二年癸丑公六十一歲元日嘉定邑侯趙雪嵊來訪

元夕招飲書院

邑侯以脩志訪公謝以二詩見紫陽集

敘桴亭先生行實　如新安館曹氏

是歲詩有紫陽集

十三年甲寅公六十二歲春歸自新安　夏故人爲蘇郡守延公問政不往
是歲至乙卯詩有雙鳳集
十四年乙卯公六十三歲十月卒於蔚洲村
先是公中暑生頭瘍至是又感寒疾於十月二十日卒四方賢士大夫弔哭不絕村之人如喪父師兒童婦女無不哀恫蓋公之積誠至行素所感應也執友門人既會哭之三日皆曰古之鄉先生殁而祭於社先生有功名教其俎豆膠庠必矣此則當道有司之事也惟是先生安貧樂道白首一節

宜按古門人私謚之義以易其名於是相與謚先
生曰安道先生　公自莊介公没後雖遷徙或客
遊而歲時常廬於墓病前十日猶在丙舍甲辰歲
有追和子遨哭大父詩六首其一章曰壯心俯仰
漸蹉跎兀兀窮年守蘚蘿子職未供今已矣親恩
永負恨如何忍看圖畫存遺像欲遣生徒廢蓼莪
既不成忠又非孝藁苫中夜淚痕多四章曰高曾
邱壟傍江城每感修防涕淚橫力翦蓬蒿三尺淨
手栽榆柳十圍成義田欲倣希文志豐碣求書有
道銘痛殺髫齡先失恃終天遺恨幾時平可以知

公之終身慕矣　公所著書除前所列外尚有西湖約言菊窗隨筆九諦訓解天文書辨疑亡古文稿時文稿存浙水陸公景宣名斯序公之文曰先生之至性孝友則曾參閔子之流也先生之勁節高風則向長陶潛之流也先生之經術湛深則望諸君武鄉侯之流也先生之閎覽博物則劉中壘張司空之流也先生之詞章鉅麗則司馬子長韓退之之流也先生之詩歌典則則曹子建杜少陵之流也識者咸以爲知言　十五年葬公於太倉州界雙鳳鄉二十九都六啚使字圩先塋之昭

州中八士具呈蘇府高公州尊李公學正李公詳
報制臺阿公撫臺慕公學臺邵公核定崇祀鄉賢
　十六年崑山士民又呈請各憲於蔚村立祠祭
祀公置祭田大學士立齋徐公撰文勒碑示後十
月初三日官紳士民齊集迎公神位入祀本州鄉
賢祠初六日又迎祀於蔚村祠堂奉憲太崑兩州
縣各置祭田百畝　公故居太倉小北門外其後
或竊據爲五聖淫祠康熙二十四年時湯文正公
撫吳太崑常嘉士民呈請斥淫祠以改書院湯公
批陳安道正學清修不愧先儒仰改安道書院爲

後學講道會文之所二十五年湯公給扁安道書院四字乾隆十六年辛未夏四月十五日溥立石於墓

安道公年譜卷下

同里後學繆朝荃校刊

潘瀾筆記

潘瀾筆記二卷

同里後學繆朝荃校
物洪炳彝署檢光緒
戊戌東倉書庫鐫版

唐宋以來說部諸書雜考之屬爲例不一要皆班志所謂出於議官者也小時讀書偶有聞見亦復札記當時自謂剏獲三十年來汎覽羣籍多前人所已言蓋著書之難如此芟薙殆盡存此區區尚未審果爲我有否卽有之亦前人之潘瀾芟餘耳不足言不足言甘亭居士彭兆蓀識於小謨觴館

潘瀾筆記卷上

鎮洋彭兆蓀湘涵著

周易不易乎世不成乎名李氏鼎祚集解無兩乎字陸氏德明經典釋文但於不成名下云一本作不成乎名而無不易世句知至至之可與幾也集解作可與言幾也乾始能以美利利天下集解能作而按能而古通雷雨之動滿盈集解盈作形荀爽曰雷震雨潤則萬物滿形而生也尚德載集解德作得虞翻曰坎爲車積載在坎上故得積載按德得古通履虎尾不咥人亨下集解有利貞二字眇能視跛能履兩能字集解皆作而君子以儉德辟

難不可榮以祿集解榮作營虞翻曰營或作榮儉或作
險能止健大正也集解作能健止虞翻曰健乾止艮也
三五易位故大正舊讀言能止健誤也輿說輹集解作
腹虞翻曰腹或爲輹也王公設險以守其國集解國作
邦釋文但於蹇卦正邦下云荀陸本作正國爲漢朝諱中未大也集解作中未光
大也突如其來如集解突作㐬明夷夷于左股集解不
重夷字汔至亦未繘井未有功也集解無井字羸其瓶
是以凶也集解作井羸其瓶其形渥集解形作刑未退
聽也集解作未達聽也虞翻曰坎爲耳故未達聽也列
其夤厲薰心集解作裂其夤厲閽心虞翻曰艮爲閽閽

守門入艮其輔言有序集解序作孚歸妹跛能履眇能視集解能皆作而三年有賞於大國集解國作邦知小而謀大力小而任重集解小皆作少唐石經於力小句作力少天地絪縕集解作壹壼履者禮也集解爲正文今正義本四字屬韓康伯注履而泰然後安集解無而泰二字有大者不可以盈集解作有大有不可以盈有无妄然後可畜集解作有无妄物然後可畜物不可久居其所集解作物不可以終久于其所小人道憂也集解憂作消以上各條異字異讀李氏皆據荀虞舊本而陸氏釋文皆在所遺攷釋文於諸家作音固有去取至於異本則皆

備列其條例云若兩本俱用二理兼通今並出之以明同異其涇渭相亂朱紫可分亦悉書之隨加刊正又有他經別本詞反義乖而又存之者示博聞耳夫詞反義乖尚存以示博而於荀虞之顯然歧別者乃或采或遺殊不可解不特禮內則注詩韓奕疏中所遺漏鄭注如宋王伯厚所云及

國朝惠定宇所補也是蓋陸氏所見本必有與今正義本不盡同者而釋文於周顯德宋開寶間屢經田敏尹拙聶崇義崔頌陳鶚姜融周維簡諸人刊改校定其間譌脫尤所不免惜乎不可攷矣毛氏奇齡易小帖引漢書谷永傳在中饋說文

復公鬻謂皆釋文脫誤其實此類尚多茲不具列
易於秦火後獨完其閒字句歧互見於釋文集解史徵
口訣義郭京舉正此贋書開成石經漢魏以來諸儒傳易
之本異同略備其餘正文則皆經師授受相承顛若畫
一者也自王昭素范諤昌及程朱諸儒出而後有脫文
衍字之說凡諸經文類可蔽以己意矣然如初六履霜
魏志本非確據仲氏易引後漢魯恭傳仍作履霜堅冰後得主而有常余
氏芑舒謂不當加利字各條惠氏本義辯證中具列之
意亦不以程朱爲允而紹興中沈氏作喆著寓簡一書
所疑譌脫殆有甚焉其云習坎上脫一坎字坎習坎猶

曰井改邑不改井雖屬臆測說猶可通郭京易舉正中已有此說洪邁容齋隨筆所引諸條中亦著此至謂艮爲指當作止以音同誤此說大非說卦取象爲指卽上文艮爲手之義而艮止也與乾健坤順諸句另爲一章健順諸文不列於爲天爲地諸象中何獨於艮而攙入一止字不倫甚矣謂公用射隼于高墉之上公用下當有弓矢二字不然何緣傳有弓矢者器語夫繫傳之文類卽爻辭而長言永歎之非句櫛字比如後人詁經之體弓矢者器自爲射字引申其義若勞謙君子有終吉子曰勞而不伐有功而不德詎可云爻辭有功字也況公用射隼于高墉之上正與公

用亨于天子王用亨于西山一例加弓矢字則全書無此句法以不狂爲狂是亦不可以已乎

夕惕若下惠氏棟據說文謂當有夤字近高郵王庶子引之經義述聞立五證以闢之以爲兩漢相傳之本皆無夤字且云郎使說文引經果有夤字而諸家皆無且難以一廢百況傳寫之誤豈可據以補經其言切中惠氏之失嘗論惠氏覃研古義斷非宋以後儒者空談說經所能幾及而矯枉過直穿鑿附會亦多有之其據漢碑孤文展轉通借以證經義尤所未安不悉出也

觀象風行地上說文目部相字下引易云地可觀者莫

可觀於木漢書五行志亦云於易地上之木爲觀按此卽顏師古所謂易家之别說也又說文丼部荆字下引易曰丼法也蓋亦易家别說（禮記經解引易曰君子慎始差若豪釐繆以千里易小帖亦以爲說易家文予按此說已見大戴禮保傅篇盧辯注又漢書司馬遷東方朔傳引徵異師古注謂易緯乾鑿度之言）明長洲張獻翼幼于傷佚悉誕卒以惡終而其說易乃篤實明確深有合於聖人省身寡過之義所著讀易紀聞約說雜說臆說四種朱氏彝尊作經義考均稱未見予舊藏其臆說一種卷首有荅問摹倣解嘲賓戲參以齊梁體格而敷華摛藻一以易語貫穿可稱辭巧中分三卷其說易於漢學宋學兩無偏主惟以人事

推求此書行世尤稀其精當者未可以人廢茲爲采掇數條需終吉者出自穴也一出一入皆以敬慎而不敗也致之則爲寇敬之則爲客訟三百戶渝卽命則人莫與爭利從事无成則人莫與爭功食舊德則人莫與爭能何訟之有按從事无成四語見元齊氏履謙周易本說張氏蓋襲用之泰之時君子當羣起而赴大行之會否之初君子當毅然起而拯援之故否泰初爻與彖無異辭焉比五剛君故諸爻比者吉而後者凶豫四强臣故諸爻宗者吝而介者吉噬嗑得金矢金取剛矢取直以九四陽德也若云古訟者先入鈞金束矢而後聽之周興來俊臣之所不爲況成

周之世哉按淮南子將欲征伐甲兵不足乃令輕罪者贖以金刀訟不勝者出一束箭百姓皆悅乃矯箭爲矢鑄金爲刃遂霸天下按此見淮南氾論訓贖以金刀刀應作分高誘注以金分出金隨罪輕重有分兩也劉歆附會周禮實本於此然此說乃六國陰謀託之齊桓令觀管仲內政不爲此也按管子小匡籍有重罪入兵甲輕罪入蘭盾之文復剛長而以日云者幸其至之速臨陽消而以月云者幸其消之遲按此四語見王伯厚紀聞引李子思說坤四之无咎无譽主无咎之義爲多以時世言也故象重无咎大過五之无咎无譽主无譽之義爲多以才力言也故象重无譽臨陽浸而長遯陰浸而長故二之咸臨无不利利

在天下遯之肥遯无不利利在一身需上六以陰居上當位也象曰不當位以需之極利於剛健以出險大壯六五以柔居中當位也象曰位不當以壯之時失其壯則不能進皆以時言之耳晉二無康侯之功而曰受介福者康侯美其成六二褒其始也君子得之不得曰有命六二愁如豈君子之心哉二雖中正陰柔也若乾之九二則遯世无悶矣渙初六之用拯馬壯將濟之時出而有爲也明夷六二之用拯馬壯見傷之後入而避難也睽者乖異不合之名然六爻初自復二遇主三有終四交孚五噬膚上遇雨無一爻睽者以諸爻能去其乖

巽以致同交孚猶噬膚志行即有慶宗子家相同於求賢以濟睽也孤羣小之象隼鷙害之禽曰獲之解之易也射隼高墉解之難也君子小人相爲去留李絳入而承璀出矣拇狐甘媚趨附韓嫣之類隼則莽操之兇也夬孚號惕號君子朋至而決小人之時一小人在上何號呼之有天下之患起於小人而成於君子之速之也有剛中之德而取象之不善者未有如井九二者也吾故曰深惻其无時无剛中之德而深與其象占未有如井上六者也吾故曰深與其及物小過飛鳥遺之音上而能下者也矯首而徇飛不如循雌之必獲也陰過之

世小官下邑无權可爭陳寔是矣埋光鏟采无名可忌申屠蟠是矣

王伯厚曰五陽之盛而一陰生是以聖人謹於微齊桓七年始霸十四年陳完奔齊亡齊者已至漢宣甘露三年匈奴來朝王政君已在太子宫唐太宗武德丙戌即位武氏已生於前二年我藝祖受命二年女眞來貢而宣和之禍作於女眞顧甯人曰孔子之門四科十哲删定贊修盛矣而老莊之書即出於其時後漢立辟雍臨白虎經術大明而佛道之教即興於其世閻氏若璩謂王氏此論從劉元城來予謂顧氏此論亦即從深甯叟

來推而言之斯干考室之祥已伏黍離之閔崧高生甫之頌即基揚水之嗟三家分晉無衣實啟其端寺人亡秦車轔蚤胚其兆東京宦豎之權始於孝和之誅竇憲西晉劉石之難萌於桓帝之徙匈奴元嘉方立而子劭生普通粗安而朱异用倚伏之機千古一轍盈虛消息聖人之憂患深矣

古經典字多通借而今易爲王弼傳費直本多竄易古文故多俗字除漢以來古義已見釋文諸書外後之說此經者獨未可以古今通用字破其正文如愼順古通而坤卦蓋言順也即馴致其道義不當作愼此辯證中

已言之至升卦占君子以順德本義云王肅本作慎予謂此亦宜作順字無疑也毛詩下武應侯順德鄭箋引易曰君子以順德積小以高大正義云木漸而順長以成樹猶人順德以成功彼謂一人之身積漸以成此則順父祖而成事亦相類故引以爲證定本作慎德準約此詩上下及易宜爲順字又集注亦作順疑定本誤以上孔疏灼然可證如此按荀子仲尼篇引詩亦作順而淮南子繆稱訓引此詩作應侯慎德此或是三家本不與毛同況經中如慎不害也敬慎不敗也慎所之也君子以明慎用刑君子以慎辨物居方可不慎乎慎斯術也以往是以君子慎密而不出也慎字凡九見

顯然作謹愼義者皆用本字何獨於此二卦而有通借乎是不然矣蒙六三象行不順也亦當如虞仲翔說讀如字爲是

康侯用錫馬蕃庶釋文本音煩多也庶如字眾也下引鄭氏云康尊也廣也蕃庶謂蕃遮禽也則蕃音發袁反庶音止奢反惠氏九經古義引管子侈靡篇云六畜遮育五穀遮熟則蕃遮猶蕃育予謂此惠氏誤解鄭意也鄭此蕃字當讀如周官大司徒蕃樂之蕃鄭引杜子春讀爲藩取藩蔽意與師氏鄭注蕃營之蕃一例非阜蕃之蕃遮氏當如墓大夫鄭注塋限遮列處之遮稍人鄭

注苑囿藩羅之材賈疏古者田獵皆在囿其苑囿蕃羅以遮禽獸此其明證蕃遮禽鄭意蓋指田獵言之謂尊廣侯以錫馬而田獵猶詩車攻吉日之義也鄭氏箋詩爲豆孔庶句訓庶爲侈則於蕃育義爲近而其訓他經必不盡同毛詩三禮疏中屢見之至管子兩遮字尹知章注遮兼也此訓於古無徵難據爲說

盈長裕而不設考工記桃氏疏引鄭注設大也經典設字訓大祇此一見且取理太迴韓注虛設亦未是按此彖上節裕德言長裕卽彖辭之日進无疆不設卽孟子之勿忘勿助本義所釋當矣

史繩祖學齋佔畢以卦氣起中孚爲非葢由楊雄作太玄以初卦準中孚故先儒誤以卦氣起中孚耳予按史說非也卦氣起中孚乃易緯稽覽圖文以坎離震兌爲四正卦六十卦卦主六日七分漢孟喜京房諸儒之學皆由此出不始楊雄學齋謂中孚復起甲子以乾至節爲三百六十爻爻當一日一年之卦也自中孚至未濟二十四爻爲二十四氣此自史氏一家之學耳

京氏易乾傳曰精粹氣純是爲游魂陸績曰爲陰極剝盡陽道不可盡滅故返陽道不復本位爲游魂例八卦張行成曰乾之世爻上九不變九返於四而成離則明

出地上陽道復行故游魂爲晉歸魂於大有則乾體復於下矣予按太平御覽引詩推度災云陽本爲雄陰本爲雌物本爲魂此卽繫辭精氣爲物之物游魂歸魂則雖變而不離其本也後漢書趙咨傳夫亡者元氣去體貞魂游散反素復始歸於無端明邵氏寶簡端錄云惟物也故散必於其所聚惟變也故聚不必於其所散然則變而散者常也變而不離其本者亦常也故可以知鬼神之情狀

世說文學門劉孝標注引易乾鑿度文天地不變不能成朝按此有脫誤當作天地不變不能通氣君臣不變

不能成朝此孝標節引易緯文又下引鄭氏序易動靜有爲剛柔斷矣今刻鄭氏易贊仍作有常疑康成本作爲常字後人改之

乾鑿度管三成德爲道苞籥鄭注管統也德者得也道者理也籥者要也言易道統此三事故能成天下之道德故云苞道之要籥按初學記引此注管猶兼也一言而兼此三事以成其德道苞之籥齊魯之閒名門戶及藏器之管爲籥全與今所傳本異

予於宋儒最不信錯簡之說少時所輯經歧臆案中曾詳辯之後讀錢氏時融堂書解固已先我而言此亦宋

儒中之篤信好古不隨俗尙者也按蔡氏沈尙書集傳於武成别叙考定一篇於後亭林顧氏稱其得體至於徑改經文别爲一書實自程朱之於大學孝經始此眞直齋陳氏所謂後學不敢傚傚者也而俞氏廷椿王氏柏元熊氏朋來吳氏澂乃加甚焉說者謂康成解經輒多破字後儒臆改經文實於此肇端攷康成改字皆有所本此說見臧氏琳經義雜記若錯簡則尤未輕言惟禮記玉藻而素帶終辟以下喪服小記降而在緦小功者一句之屬蓋以斷爛而刊定之仍未移易經文於易雜卦傳大過顚也下曰自此以下卦音不協似錯亂失正弗敢改也

於書序成王政下注云此伐淮夷踐奄是攝政三年伐管蔡時事其編簡於此未聞其矜慎如此豈宋以後諸儒所得而藉口哉樂記寬而靜節鄭注顧氏日知錄中已引茲不復出尚書馬鄭王三家眞古文今僅見於釋文及孔疏所引其中互異固已多矣王充在東漢古學方盛時其持論頗兼參古文今文家之說如論衡感類篇金縢雷雨一爲周公葬疑一爲信讒其所見經師異本亦必有出於三家所見外者故於論衡本性篇引微子我舊云孩子效力篇引梓材曰彊人有王開賢厥率化民此即孔穎達諸經疏中所謂師讀有異或所據本異也惠氏斷以爲今文其說亦是按雷虛篇引尚書

予惟率夷憐爾今多士篇夷作肆憐作矜其他所引尚多小異殆亦皆伏生今文如桓寬鹽鐵論本議篇盤庚萃居詔聖篇甫刑制獄之類光和石經中當有之而今無攷近王西沚光祿鳴盛尚書後案以彊人十字即王啟監厥亂爲民之譌并上孩子句槪斥王充爲妄竊恐未然充於永元中病卒尚在馬鄭之前其說豈反不足信與（王楙野客叢書所論漢人引經異字皆不復出）盤庚心腹腎腸鄭本作憂腎陽文選魏都賦張孟陽注引作優賢揚歷鄭憂腎陽即優賢揚以形似而誤三國志管甯傳裴松之注可證近人已言之此郤非所見本異何氏焯校文選此注於

盤庚下添一注字大非後案引作劉淵林注亦非
東滙澤爲彭蠡東爲北江入于海向來聚訟記嘉慶丙
寅歲客兩淮權署曾運使取此爲經解題以試安定梅
花兩書院生徒屬爲校閱予於北江專主漢鄭氏宋蘇
氏之說凡引漢志水經及朱蔡諸說皆所駮正蓋本
國朝胡氏渭禹貢錐指而又參以宋儒易氏祓曾氏旼
程氏大昌諸家與近儒齊氏召南李氏光地諸書之說
皆符
蔡傳於太甲篇中辯改正朔不改月數於泰誓引歐陽
氏辯文王不改元及康誥必以爲武王時書之類說均

未是予有辯論詳經岐臆藥中然其於馬鄭王及僞孔諸說決擇從違若納于大麓禋于六宗彰厥有常其在祖甲各條精審之處亦復不少其於君奭力辯書序召公不悅句漢唐舊說之非尤爲特識按蘇氏軾曰召公不悅蓋以滿溢爲憂此說爲勝惟不當以書序爲僞耳予於蔡傳悉以平心讀之不爲元人陳櫟朱祖義之壘守亦不爲明人袁仁陳泰交之操矛嘗論閻氏尙書古文疏證固不刊寶書而其中於禹貢蔡傳所引漢書地理志除駁正外復得三十一條今細按之間不免毛舉細故有意吹求似亦在所可已也

日月星辰山龍華蟲僞孔傳以華蟲爲雉與周官鄭注同以華蟲爲一物孔疏引顧氏說華取文章雉取耿介謂雉以華蟲爲二其取象則同按隋書禮儀志引梁天監七年帝曰古文日月星辰此以一辰攝三物也山龍華蟲又以一山攝三物也藻火粉米又以一藻攝三物也是爲九章詳此則亦以華蟲爲二物意當時諸儒於九章十二章必有異說不止一顧虎昭二十五年左傳杜注亦以華蟲爲二物今不可攷又武帝引孔安國曰華者花也今孔傳作華象草華無此語而花乃俗字斷非西漢人所宜有則是梁時所見僞孔傳又有別本豈如僞古文泰誓僞古

文武成之皆有二本耶

康誥無我殄享句酒誥矧惟若疇以下四句梓材越厥疆土於先王句召誥用顧畏于民嵒句亦敢殄戮用乂以下三句洛誥厥攸灼句王賓殺禋咸格句蔡傳與孔傳句讀互異處皆以蔡說爲優厥攸灼蔡從馬讀若疇四句蔡從王安石讀

蔡氏不信書序成周旣成遷殷頑民之說故多士多方訓釋都異孔傳然於今爾奔走臣我監五祀句孔謂五年無過則還本土克閱於乃邑謀介句王肅云其無成雖五年亦不得反也紬繹正文終是曲說愚嘗論書序不容誤而僞孔王肅之說實非屢求其說而不得姑識

之以俟考

無逸惠鮮鰥寡孔傳云又加惠鮮乏鰥寡之人鮮字與鰥寡一例釋文息淺反爾雅鮮訓善又訓罕訓寡皆古訓此鮮字蓋同詩之鮮民詳鄭箋上下文義亦訓貧寡又詩小雅鴻雁篇爰及矜人哀此鰥寡鄭箋云當及此可憐之人謂貧窮者欲令賙餼之鰥寡則哀之顏師古匡謬正俗云尋序及詩意蓋云可矜憐之人及鰥寡者皆被勞來安集正與此鮮乏之鰥寡義同蔡傳解爲生意則惠鮮與上懷保一例此眞古文必不如僞古文之動多對偶僞傳雖不足據而此卻是古訓宗鄭學者亦斷

以爲非未免失攷且詩箋固鄭說也梓材敬寡屬婦亦當從孔傳不得作對文漢石經作惠於矜寡此是歐陽大小夏侯三家今文不與安國古文同

君陳爲周公之子伯禽之弟見坊記鄭注王伯厚云他無所考閻百詩引禮記疏康成詩譜云云予按此見檀弓太公封於營邱比及五世皆反葬於周孔疏云周公封魯其子孫不反葬於周者以其有次子在周世守其采地則春秋周公是也故鄭康成作詩譜云元子伯禽封魯次子君陳世守采地此閻說所本然今魯頌鄭譜無此語周南召南鄭譜止言次子亦世守采地無君陳

名正義曰且與䫉次子名謚書傳無文雖毛詩禮記疏非盡出穎達一人之手故不同如此然亦見唐代經師不皆以君陳爲周公之子穎達疏中所引鄭譜或亦是據坊記鄭注以意加君陳字耳宋林之奇引蘇氏及陳少南之說斷鄭說爲非不爲無見若汲郡古文沈約注以周平公卽君陳此出於後人僞託尤不足據依

河圖洛書作黑白圈唐以前所無何晏論語集解引孔安國注河圖卽八卦劉向父子班固竝稱洛書有文穎達正義并詳其字數至於馬毛之旋龜文之坼則宋以前諸儒所說皆同惟宋末吳人俞氏玉吾著周易集說

以尙書顧命文大玉夷玉天球河圖在東序天球與河圖竝列則河圖亦玉也玉之有文者爾崑崙產玉河源出崑崙故河亦有玉洛水至今有白石洛書蓋石而白有文者此解殊拗少時在都門及見河閒紀大宗伯聞其緒論斷以石文成字爲洛書深駮盧辯明堂九室法龜文之說不知俞氏固已先言之

君牙紀於太常正義引周禮司勳司常皆作太常而各本周禮皆作大釋文無音按爾雅釋天郭璞注釋文大祉音泰下大常同蓋指郭注引節服氏六人惟王之大常句而釋文於當句下亦無音岳氏刊正經傳沿革例所言皆不復出

賓于四門鄭讀賓爲儐謂舜爲上儐以迎諸侯僞孔傳以爲賓迎讀爲賓客之賓左文十八年傳賓于四門杜注作賓禮予按此賓字似宜讀若多士篇予惟四方罔攸賓之賓徐邈云賓音殯馬云卻也詳卻氏有擯卻義古賓字與擯通文十八年傳云舜臣堯賓于四方流四凶族又曰虞書數舜之功曰賓于四門四門穆穆無凶人也史記五帝本紀敘四凶後卽接以舜賓於四門乃流四凶族疑此賓字與楚世家賓之南海義同卽擯卻凶人於四方之意不必與上下文兩納字一例孔疏云四罪者徵用之初卽流之是也鄭注謂流四凶族在治

水功成後王肅難之按左傳明以流四凶族屬舜臣堯時是當在居攝之前又疏引僖三十三年襄二十一年傳亦是確證王氏後案主於發明鄭學故於王肅難鄭不得不爲之申駮遂舉孔疏所引傳文亦以爲不必泥顓家之說例固應爾揆之情事則有未允

釋文於舜典下云王氏注相承云梅頤上孔氏傳古文尚書亡舜典一篇時以王肅注頗類孔氏故取王注從愼徽五典以下爲舜典以續孔傳云云而穎達正義依劉炫本乃用姚方興所造多二十八字之僞孔傳其違異如此盧抱經學士文弨以爲陸氏所見與賈孔諸本

不盡同今取陸氏本附於注疏本中非强彼以就此卽强此以就彼欲省兩讀翻致兩傷斯言良是此其兩傷之大者獨怪陸氏既用王肅本經文其於姚方興所增十二字則截而辯之至阮孝緒七略所有十六字則於小字夾注中引而駮之而愼徽五典以下乃仍用方興之僞孔傳是陸氏一人之書又復兩傷進退無據難以理求此必後人所改非元朗之舊而近時考據家或深詆元朗爲無識或又以爲一隙之明寃矣

禹貢九州下釋文引春秋說題辭云州之言殊也又按劉熙釋名州注也是州字本合有專於切一音焦氏易

林謙之革西至平州與闢我葦廬思吾故初為韻此其證顧氏唐韻正於十八尤州字下但著其與蕭宵肴豪同用者他不備引於十虞桴字下引魏嵇康太師箴故予州稱疚石戶乘桴許由鞠躬辭長九州桴從古音方矛反竊謂此桴字或可如字讀魏晉人讀浮亦有作孚音者見陸機贈顧彥先詩浮與嵎為韻周官禂牲禂馬杜子春曰禂禱也後鄭讀為誅是禱亦可作誅音易晉晝也明夷誅也是晝亦可作注音

無逸篇則其無淫于觀于逸于遊于田疏引春秋隱公如棠觀魚莊公如齊觀社穀梁云常事曰視非常曰觀

釋文於左氏傳皆無音於穀梁觀魚則曰如字蓋皆作平聲按史記高祖本紀縱觀觀秦皇帝集解索隱亦皆無音而漢書高帝紀縱觀秦皇帝師古曰觀工喚切則是游觀之觀亦讀去聲意徐仙民李軌諸人或有音而陸氏削之

費誓臣妾逋逃僞孔傳男曰臣女曰妾穎達疏古人或以婦女從軍故曰臣妾此說非也按史記魯世家裴駰集解引鄭注曰臣妾厮役之屬本不言婦女且詳書意當指費地居民之臣妾言此逋逃者軍士毋得越逐而人得者又當敬還其主下則言非逋逃而誘之者則有

常刑篇首人無譁聽命鄭注本兼軍之士衆及費地之居民言故知此臣妾非軍之臣妾也後案以主薪汲者即臣妾引公羊何休注云云亦未是　觀後漢書馮緄傳張敞奏緄將傳婢二人戎服自隨請下吏案理又南史徐君蒨傳湘東王嘗出軍有人將婦從者王曰才愧李陵未能先誅女子將非孫武便欲驅戰婦人君蒨應聲曰項籍壯士猶有虞兮之愛紀信成功亦資姬人之力此雖一時俊辯亦見婦人在軍後世亦以爲罕事孔疏附會之說蓋不足憑

定公元年傳命以伯禽劉炫以爲伯禽亦是書名與康誥唐誥爲類然洵如劉說則夫子刪書獨不錄宗國開

基之命何邪按尚書百篇之外若史記殷本紀所引有大戊伏生尚書大傳所引有揜告漢書律歷志所引有月采豐刑墨子非樂篇所引有武觀非命篇所引有總德之屬其名皆不在百篇之數意秦火後亡之故司馬遷諸人僅傳有百篇之目矣

國初孫寶侗遽以左傳此經致疑書序爲僞蓋未深考秀水朱氏經義考見及之而語焉不詳茲申其說

毛詩序風之始也所以風天下而正夫婦也顏師古匡繆正俗云今人讀風爲諷天下案序釋云上以風化下下以諷刺上此當言所以風天下不宜讀爲諷又云風

風也教也風風以動之令人讀風以動之不作諷音案此蓋序釋風考訓諷訓教諷刺謂自下而上教化謂自上而下今當讀曰諷以動之不宜直作風也予按顏所說所以風天下當讀如字與釋文同其云今人讀風爲諷者乃徐邈音陸氏所云今不用者也風風也釋文並如字徐下音福鳳反崔靈恩集注本下卽作諷字沈云上風是國風卽詩之六義也下風卽是風伯鼓動之風今從沈說是陸氏讀二字皆平聲至風以動之句則云如字又引沈福鳳反云今不用是陸氏亦讀作平聲卽顏所云今人不作諷音者也顏於風天下句讀同德明於

風以動之句讀從沇重知小顏與孔沖遠同定正義而其學本別有師承不出於陸其注漢書博采服虔應劭晉灼臣瓚諸家故於音義亦往往與陸氏有殊

詩序后妃之德也下本無鄭箋今汲古閣所刊毛詩正義於句下有關雎舊解至無所疑亂故也一段竝作大字而冠以箋字乃皆是陸氏釋文誤仞為箋南北監本毛詩亦多以釋文混入注中

父母孔邇竊以後漢書周磐傳所歎為確詁與韓詩外傳義同西河毛詩寫官記解邇字凡三義說雖曲而感人乃深

陸奎勳陸堂詩學王風辯力駮范甯序穀梁列黍離於國風以爲誣聖謂詩乃國史繫之不始孔子詩所由繫宜辨諸文義體裁音節其言是也然考鄭玄詩譜序孔疏云笙詩六篇國史自定其篇屬之太師以爲常樂非孔子有去取而范甯序楊士勛疏云作詩之體風雅先定黍離若是風體太師不得列之於雅頌若是雅頌之體仲尼不得退之於風詩則是夫子不刪詩繫詩本國史及體裁音節之說唐人固已言之士勛於范甯序疏又言仲尼刊正還同國風此正與朱子孔子不刪詩只是刊定之說符合降王進魯自是服鄭言之而疏家固

不苟同陸堂蓋陰主其義而沒其所本耳

蜉蝣掘閱傳箋義疑皆未安廣川詩故云閱通穴引管子掘閱得玉爲證予按說文堀字下云突也引詩蜉蝣掘閱又掘字下云兎窟也徐鍇繫傳引文子云兎走歸掘閱掘蓋卽堀字之省意詩故說爲是

匪風毛傳發發飄風非有道之風偈偈疾驅非有道之車漢書王吉諫昌邑王疏引此詩云說曰是非古之風也發發者是非古之車也偈偈者按儒林傳吉詩學受於韓嬰此乃韓詩之說亦與毛同眞漢人相傳古訓近王庶子經義述聞據左傳杜注及廣雅訓匪爲彼遠以

毛傳吉說爲均失之近於有心立異又小雅菀柳無自暱焉據廣雅暱病也謂當本於三家按此無明證以毛訓近爲非考爾雅釋言屢暱亟也郭注親暱者亦數亟猶數也說文日部暱日近也春秋傳曰私降暱燕又黍部䵒黏也春秋傳曰不義不䵒今本作暱黏亦是近著之義又考工記弓人凡昵之類不能方注故書昵或作樴杜子春讀爲不義不昵之昵或爲䵒䵒黏也昵即暱字皆不訓病今僅執單詞孤證以破經師舊詁亦恐未然

雄雉自貽伊阻靜女貽我彤管釋文本亦作詒而於旣詒我肄自詒伊戚詒厥孫謀君子有穀詒孫子皆作詒

案說文詒相欺詒也一曰遺也從言台聲說文繫傳臣鍇曰一曰遺乃與貽同音無貽字鉉本貽字在新附知詩中貽字均應作詒不當別出俗貽字

東山制彼裳衣鄭箋云女製彼裳衣而來謂兵服也何義門讀書記云制彼裳衣者軍容不入國故歸者別製裳衣亦得爲一義予按左哀公二十七年傳成子衣製杖戈杜預注製雨衣也恐此制彼裳衣蒙上零雨來或同此製字然無他證未知誰得恉矣

株林乘我乘駒駒應作驕錢竹汀詹事大昕養新錄中引說文鄭箋及皇皇者華正義以證陸氏音義之爲後

人互易此說已見臧氏經義雜記而於毛傳大夫乘駒鄭箋馬六尺以下曰駒末爲申晰雖毛詩本古文多假借字詁訓傳往往以正字解經而此非其例蓋後人不知驕字古音之同駒旣改正文遂舉毛傳鄭箋而幷易之公羊傳何休注卿大夫士曰駒並同此例

漢諸葛公罰二十以上皆親覽魏高柔至抱文書而臥晉陶侃惜分陰梁徐勉還家犬吠元魏韓麒麟置律坐旁唐岑文本理糧漕籌不去手皆所謂黽勉從事不敢告勞者嘗見高言清靜坐嘯自安晝諾則聽之賓僚決事則委之屬吏虛名徒擁百弊叢滋詩云弗躬弗親庶

民弗信吾願凡百君子敬而聽之也

霍光之於上官父子梁冀之於孫氏諸黨竇憲之於鄧疊郭璋楊駿之於段廣張卲皆以葭莩密戚援引同升干預政權卒歸兩敗南山篇云瑣瑣姻亞則無膴仕正月篇云洽比其鄰昏姻孔云秉國政者可弗鑒諸

雨無正若此無罪淪胥以鋪惠氏古義引後漢書注韓詩淪胥作薰胥鋪作痡薰帥也胥相也痡病也言使無罪之人而使有罪者相帥而病之是其大甚據此則字雖與毛異而於毛傳所云使無罪者牽率相引而徧得罪其義則同淪胥不過訓相率耳按惠引後漢書是蔡邕傳釋誨文章懷注

引韓詩作勳胥勳帥也不作薰惠亦小誤注又引前書云史遷熏胥以刑乃作熏又引音義云謂相熏蒸得罪相牽義也則亦同乃惠氏又據易虞仲翔本以薰通閽兼引漢書注應劭晉灼諸說及呂氏春秋高誘注以淪胥爲胥靡之刑遽斷毛公爲誤此穿鑿之失也無論漢書諸注本有差爽未可盡憑顏師古敘例云服應曩說疏紊尚多高誘注呂氏春秋雖稱依先師舊訓而牴牾在所不免如佁儗之機誤引詩薄送我畿之類不得據東漢人無證孤文附會通借以輕議毛公并違韓說按今漢書楚元王傳應劭注引詩淪胥作論胥此或是齊魯二家之說非毛亦非韓也卽如古義所云則小旻詩云如彼泉流無淪胥以敗抑詩云如彼泉流無淪胥以亡又作何解亦將以爲熏胥之

刑乎此通彼絀其傎甚矣

十月詩以下雨無正小旻小宛諸詩毛以爲幽王鄭以爲厲王謂毛公作詁訓時移其篇第因改之耳按此似後人移置經文之所始然攷詩譜序疏引鄭荅張逸云詩本無文字後人不能盡得其次第則毛公時本無一定篇次或就所傳而列之非意爲顚倒且疏引孫毓評中明云毛公大儒明於訓詁篇意誠刺厲王無緣橫移其第改爲幽王則仍非後儒所得藉口已

劉向列女傳以以畜寡人爲衛夫人定姜之詩鄭注坊記時未見毛傳亦以爲定姜釋文云此是魯詩王伯厚

詩考後序云楚元王受詩於浮邱伯向乃元王之孫所述蓋魯詩也因是以推魯季敬姜條引詩曰君子有穀詒厥孫子此亦必是魯詩多一厥字而釋文云本或作詒厥孫子詒于孫子皆是妄加也其說恐非

閟宮三壽作朋鄭箋三卿也王伯厚引晉姜鼎銘曰保其孫子三壽是利三壽蓋古語恐非三卿予按漢書禮樂志注李奇曰王者父事三老兄事五更詩云三壽作朋鄧展曰漢直以一公爲三老用大夫爲五更又文選張平子東京賦送迎拜乎三壽薛綜注三壽三老也李善注毛詩云三壽作朋蓋漢魏以來相傳有此訓而鄭

說獨異伯厚偶未檢及近有謂鄭三卿即指三老予謂鄭於禮記文王世子注既以三老五更爲各一人則無緣以此三卿爲三老矣

殷武稼穡匪解箋疏以諸侯朝覲我殷王不責其罪過惟告之以勸民稼穡之事王者之待諸侯其義如此據此蓋可見臣工詩新畬來牟之爲諸侯助祭而歸戒勑之詞所謂周因於殷禮也不得如朱子戒農官之說

毛詩漢時未立學官按前書儒林傳贊曰平帝時又立左氏春秋毛詩逸禮古文尙書似平帝時曾暫立學官後仍廢漢儒說詩皆本魯齊韓三家其異字異義之見於諸經注疏釋文史漢注漢石經殘碑說文而

外其分見於著述者則若桓寬鹽鐵論劉向列女傳說苑新序班固白虎通義王符潛夫論應劭風俗通義蔡中郎集蔡邕琴操及文選注唐宋類書所引其爲王伯厚詩攷所未收者固已不少而於一家之學亦各有師承不皆符合許君說文自敘言其偁詩毛氏而所引與毛異者甚多且有同偁一經而文異者此蓋師讀相承文字不無互異之故卽大毛公親受業於荀卿而荀子正名臣道諸篇所引六條皆殊毛義足知師徒授受亦有分歧非全壘守此說已見錢可廬徵君大昭詩古訓自敘中予按陸氏釋文條例云子思讀詩師資已別此其證也自舉業家守一先生之言見先儒古訓異

於功令所頒者輒驚若河漢不知朱子作詩集傳其閎意眇指博采韓詩序儀禮國語戰國策楚辭匡衡劉向諸說詩攷所謂一洗末師專已守殘之陋者釐然具在今人習讀而忘其說之所自殆非朱子意也學者罔羅遺佚以扶微學廣異聞不必如曲徇漢學者拘牽古義穿鑿附會亦烏可執一忘萬以貽笑通儒乎惟決擇之閒要貴識力如明人郭子章輩誤信豐坊僞撰之魯詩世學以炫異售欺則有大不可者耳

摽梅迨其謂之毛傳於謂無訓鄭訓謂爲勤不若朱傳但相告語不待備禮爲是朱原本毛義也臧眠隱以此

爲女父擇壻之詩則謂之者卽父母之命媒妁之言也此不待備禮毛鄭皆據禮之變言若常禮則必備禮儀禮昏禮納采賈疏言納者以其始相采擇恐女家不許故言納問名不言納女氏已許也納吉男家卜吉復恐女家翻悔故更言納也納徵言納者納幣帛則昏禮已成復恐女家不受故更云納也請期親迎不言納者納幣則昏禮已成女家不得移改故皆不言納也曲禮女子許嫁纓鄭注有從人之端也女子許嫁笄而字注以許嫁爲成人曾子問女未廟見而死不遷於祖不祔於皇姑不杖不菲不次歸葬於女氏之黨示未成婦也注

壻雖不備喪禮猶爲之服齊衰也未成婦謂未成子婦非夫婦此廟見指舅姑已沒者言詳見毛氏曾子問講錄及昏禮辨正又取女有吉日而女死壻齊衰而弔既葬而除之夫死亦如之注未有期三年之恩也女服斬衰由上諸說推之則納采問名納吉昏禮之未成者也至納幣請期而夫婦之義已定故笄以表其成人纓以明其有所繫屬由是而親迎而同牢而見舅姑事之常也其或不幸而壻死則有斬衰而弔之義禮婦人不二斬故爲夫斬則爲父母期此斬雖弔服既葬而除然以壻齊衰對觀之則固以婦禮自處矣其既除之後從父母之命而改嫁禮之常也其有守從一之義

終身不嫁且有適壻家而事其父母爲之立後者此可謂之過禮而不可謂之非禮歸太僕曰女子未有以身許人之道也女未嫁而爲其夫死且不改適是六禮不備壻不親迎比之於奔予謂此論過矣今所謂受聘卽古之納幣六禮至納幣已幾於成所少者請期親迎耳其許嫁乃父母之命媒妁之言非女子以身自許古有夫家禮不備而欲迎之女持義不行若召南中女者蓋自納采以至納徵之禮不備不聞於納幣之後而猶可謂之禮不備也善乎朱檢討之言曰夫婦之道守之以恆而始之以感男女異室火澤相睽自委禽納幣則猶

山澤之通氣其感與之理已深故曰男女睽而其志通也因其所感不以死生異其志乃所謂恆其德也近時江都汪明經中著述學二卷中有女子許嫁而壻死從死及守志議以爲昏姻之禮成於親迎後世不知乃重受聘且云女事夫猶臣事君若使齊楚之君死魯衛之臣號呼而自殺必爲狂易失心之人以比女子許字未嫁而殉身者予謂此論尤僨矣女子未嫁而殉夫此謂過禮之中又過禮焉則可而以爲狂易失心則大不可即以君臣之義擬之女雖未嫁業經受幣此如列國之士或弓招幣聘已許策名即此身尚未登朝而君臣之

義國定乃於此將仕未仕之際不幸國君有故往而殉之則君子或曰可以死可以無死死傷勇而已而謂之狂易失心安乎否乎又周官媒氏禁遷葬者與嫁殤者鄭注謂生特非夫婦死既葬遷之使相從也殤十九而下未嫁而死者生不以禮相接死而合之是亦亂人倫者也賈疏不言殤娶者舉女殤男可知也詳此經嫁殤與遷葬不過成人未成人之分皆指在生時本無昏姻之禮者言如魏志鄧哀王沖傳爲娉甄氏亡女與合葬亦是死後方娉非生前許字者若女子受聘則以成人之道待之不可爲殤亦不可謂之非禮相接朱檢討於許字之女許其趨喪而哭而於合葬

潘瀾筆記卷上 完

則引嫁殤之禮以爲不可似亦未審爾以守志在母家者則猶純乎女之道其合葬不可也或出於過禮而爲之往哭且爲之事父母爲之立後則已純乎婦之道似不必泥未廟見歸葬之文竟援祔也合之之例是亦亡於禮者之禮所謂緣情制緣義起者願更諗於知禮之君子焉

光緒戊戌東倉書庫刊　嘉善後學金元烺助梓

潘瀾筆記卷上　同里後學繆朝荃編校

潘瀾筆記卷下

鎮洋彭兆蓀湘涵著

周官酒正鄭注如今酇白矣釋文酇白即今之白醝酒也宜作醝作酇假借也在何反賈疏云漢時蕭何所封南陽地名予按史記集解引孫檢云有二縣音字多亂其屬沛郡者音嵯屬南陽者音讚按茂陵書蕭何國在南陽宜呼讚今多呼嵯嵯舊字作䣜今皆作酇所由亂也又按漢書高帝紀注臣瓚亦音南陽之酇爲讚師古曰瓚說是也但酇字別有䣜音是以沛之䣜縣史記漢書皆作酇字明其音同也詳諸說是沛郡之酇字本作

䣜以鄼別有䣜音而又字形相近遂以代䣜致䣜鄼不分鄭君時二字相淆已久遂復以鄼作醝玉篇於䣜字下云沛郡縣亦作鄼陸氏以為假借似小誤許君說文敘云假借者本無其字依聲託事令長是也此鄼字是時俗通用未可云假借至賈疏云南陽地則本班固泗水亭碑鄼與何同韻實與史漢注讀贊相遠

掌固掌修城郭溝池樹渠之固賈疏樹渠者非直溝渠有樹渠上亦有樹也詳此經自以城郭為一類溝池為一類樹渠為一類溝即是渠不應別出渠字致渠字在考工記則訓車罔見車人渠三柯者三鄭注在國語則訓為楯見吳語故

犀之渠句韋昭注皆不指溝渠之渠而於此經樹渠亦不合惟墨子備城門篇城上二步一渠渠立程丈三尺冠長十丈辟長六尺二步一荅廣九尺袤十二尺淮南子氾論訓渠檐以守高誘注云渠塹也高又注甲名引國語此不取此塹字疑即史記司馬相如傳隤牆塡塹之塹兵略訓莫不設渠塹傳堞而守此渠同塹之證又漢書鼂錯傳爲之高城深塹具藺石布渠荅注蘇林曰渠荅鐵蒺藜也如湻注引墨子師古以蘇說爲是則墨子之渠荅又非此之渠荅要皆非水所居之渠因思此經樹字乃是樹之林以爲阻固而下渠字即淮南之渠塹是坑塹之類與溝

池有水者異若漢書之渠荅乃撊塹而布鐵蒺藜耳經義述聞有此條以渠爲籬落謂渠或作據又作椐引廣雅㯫杝也元注杝與籬同釋名青徐謂籬曰椐爲證與鄙意異

鄉士旬而職聽於朝鄭注十日乃以職事治之於外朝容其自反覆貫疏恐因虛承其罪十日不黜卽是其實然後向外朝對衆更詢乃與之罪按唐律又有主守導令囚黜異條後世所謂黜供本此又後漢書杜林傳增科禁奏臣愚以爲宜如舊制不合翻移後世所謂翻案本此

周官楬櫫二字如職幣泉府職金則楬櫫是以版書表

物蓋牌子之屬如蜡氏司烜氏則楬櫫是櫼栈之屬榆同牋不過作表識解所謂今時之書有所表識謂之楬櫫者正是以版木表識故字皆从木書是錄記非典籍之謂
肆師職表齍盛告絜鄭注謂徽識也賈疏六粢之上皆爲徽識小旌書其黍稷之名以表之按此亦是楬櫫之類但用旌用木小異
向見王述菴司寇有五經楬櫫一書櫫本此蓋但見職金注文意取表識遽以名書而未詳究字義幷亦忘其爲非吉語

量人邦國之地與天下之涂數皆書而藏之鄭注書地謂方圜山川之廣狹書涂謂支凑之遠近賈疏鄭以地中有平廣兼山川之等故云書地謂方圜山川之廣狹

也支謂支分湊謂臻湊道涂有支分及相臻湊遠近按晉書裴秀製禹貢地域圖序云制圖之體有六一曰分率二曰準望三曰道里四曰高下五曰方邪六曰迂直據鄭注之方圜卽裴序之分率準望鄭注之山川廣狹卽裴序之高下方邪迂直鄭注之支湊遠近卽裴序之道里蓋大司徒掌建邦之土地之圖以周知地域廣輪之數職方氏掌天下之圖以掌天下之地此如後世之輿地圖僅舉大槩（鄭注如今司空郡國輿地圖）量人所書則凡每國每方條分縷晰與圖相表裏其方圜山川廣狹必準虛空鳥道以定數所謂準望而高下方邪迂直尙有非圖

所能全具者則别自詳書之此量人之書地所以與大司徒職方氏之圖相輔而行也唐杜氏通典元和郡縣志宋太平寰宇記元豐九域志皆於州郡下列四至八到之里數至今沿之鄭所謂書涂支湊之遠近其制猶存而書地之法則晉裴氏之規制既無可徵後之志輿地者遂僅有分率道里而準望高下方邪迂直所以書與圖相輔之法皆不可見矣唐會要諸州圖每三年一送職方按此即同漢時之郡國輿地圖宋以後名閏年圖漢隸於司空唐隸於職方猶周之大司徒職方氏所掌而量人書地書涂之職則廢

梓人賈疏鄭駁五經異義曰觶字角旁支汝潁之間師

讀所作今禮角旁單古書或作觗旁著氏則與觚相涉學者多聞觚寡聞觗寫此書亂之而作觚耳按說文觶从角單聲又䚢字云或从辰觗字云禮經觶據此觗字卽鄭所云古書觶字卽鄭所云今禮觗一从單一从辰皆以爲聲卽从氏亦是古音與民相近與从單从辰皆可通徐鉉本載孫愐唐韻作之義切則依汝穎師讀所作角旁支得聲古音必另有从單之切說文於禪樿癉彈諸字从單得聲者皆可證又說文觛小觶也从角旦聲唐韻徒旱切意觶音亦必近之今觶字玉篇僅有之豉一切廣韻僅有支義一切而从單从辰从氏得聲之

音遂廢雖辰古音同祁與从氏从支亦通而徐鉉云當从戰省乃得聲則與之義切爲古雙聲假借之音依說文例凡曰讀若者或取正音或取轉音如椶字从木叜聲讀若指撝之屬此是轉音而觶字不言讀若則从單聲自有正音可知鼎臣謂从戰省乃得聲亦未是

小胥全爲肆肆古文作絺說文希部虞曰絺類于上帝惠氏以爲易彖傳之彖卽此絺字从緣字省作彖彑部彖豕走也从彑从豕省通貫切非易傳之彖予按易繫辭彖者材也讀若肆乃與材協上文象也者像也下文爻也者效天下之動者也正是確據又按說文彑讀若

厥彖从彑亦得有近居例切一音而許君既未著从彑从豕得聲之說後人但知通貫切一音然考彑部彖豕也从彑从豕讀若弛彖从彑从豕省戴侗六書故以爲彖彖本一字說文分爲二非則彖元有弛音類篇作賞氏切又考說文心部有㥩字怨恨也从心彖聲讀若膎戶佳切臣鉉等云彖非聲未詳此正是大徐不知古音彖之从彑得聲與戶佳切古音自通也易正義引褚氏莊氏並云彖斷也斷定一卦之義此齊梁閒師讀僅知有通貫切之故若彖字則與彖緣字自可通不必定以易傳之彖字爲非

樂師詔來瞽臯舞先鄭破瞽爲鼓破臯爲告又云字或爲瞽後鄭從之按說文本部臯引周禮曰詔來鼓臯舞鼓字同先鄭而臯不作告許君與先鄭所據皆古文周官而字或作鼓或作臯則所見本又異他文放此

夏官司爟與秋官司烜鄭注音義各別說文於爟字下引司爟而烜字爲爟之重文此非許君之誤按司烜鄭注讀如衛侯燬之燬故書燬爲垣鄭司農云當爲烜必許所見本不作烜與先鄭異義若司爟之爟故書爟爲燋杜子春云燋當爲爟書亦或爲爟許所見與杜所見故書異而與或本同

硩蔟氏先鄭讀硩爲擿後鄭謂硩古字从石折聲疏云先鄭意以爲杖擿破之故從擿後鄭意以石物等投擲爲義故不從先鄭按說文石部硩上擿山巖空青珊瑚墮之从石折聲周禮有硩蔟氏詳字義是擿石物而墮之故从石折聲說文手部擿投也唐韻直隻切蓋郎古擲字又摘从手啻聲一曰指近之也摘與擿字異此上摘山巖之摘亦應作擿先鄭讀硩作擿不過未據硩字形聲爲訓而義與後鄭用石物投擲意亦同賈疏斷以爲杖擿破之故後鄭不從未詳所謂西京賦叉蔟之所攙捔蔟爲叉取此殆同杖擿義然司農自訓蔟爲爵蔟之蔟猶言鳥巢不與張賦同也

玉人之事天子用全上公用龍說文作駹與先鄭讀尨義合侯用瓚伯用將注謂龍瓚將皆雜名釋文將如字按將無雜訓錢詹事潛研堂荅問據說文玉部瓚字下引作埒玉石半相埒也斷爲埒字其說是矣按此說已見惠氏禮記然說文土部埒本訓卑垣封人社壝鄭注壝謂壇及堳埒也卽此埒字不作等埒義等埒之訓於史有之而經典未見疑此將字或是鋝字按考工記此經注卑者下尊以輕重爲差玉多則重石多則輕公侯四玉一石伯子男三玉二石疏引盈不足術曰玉方寸重七兩石方寸重六兩按冶氏重三埒注引說文解字云鋝鍰也三鋝爲一斤

四兩疏謂許氏以此鋝與尙書鍰爲一鋝鍰輕重無文故王肅之徒皆以六兩爲鍰是鋝之輕重久無明證鄙意以此經伯用將將或當作鋝是以玉石輕重言之伯子男三玉二石當時必有銖兩輕重之制而今不可考此與賈疏七兩六兩之義大略相近似較等埒之義爲安或許君所見則作埒耳然鋝論輕重與用龍用瓚之例又違亦未敢決姑備一義要之將字則必係傳寫之誤

曲禮毋不敬句釋文毋字與母字不同俗本多亂讀者皆朱點母字以作毋音非也按此卽俗所謂圈聲之說

唐以前人則用點謂之點發張守節史記正義發字例云古書字少假借蓋多字或數音觀義點發皆依平上去入若發平聲每從寅起守節唐初人德明又較前蓋自四聲别而點發之例興點發興而古音之通廢齊梁以來論音論義愈推愈密而俗音俗字亦由此滋繁

檀弓大功廢業鄭無注按曲禮請業則起鄭注業謂篇卷也以上文侍坐於先生例之鄭注自確廢業句因已見故不復著意亦同請業之業顧氏日知錄以廢業爲虡業之業斷宋徐爰說爲誤論固通然以生徒所執之業謂三代詩書之文竝無此義於曲禮但引所習必有

業而未引講業句似失檢禮記雖雜采他書其原要出於孔子之徒鄭注篇卷亦必有師承未可謂古無其義文王世子樂正司業孔疏亦謂詩書之業顧氏所據歸崇敬一人之言耳夏后氏堲周鄭注火熟曰堲燒土冶以周於棺也引弟子職曰右手折堲釋文管子云左手執燭右手折堲堲燭頭燼也孔疏引弟子職篇云左手秉燭右手折堲鄭云折堲者卽是正除之義按今管子弟子職篇作右手執燭左手正櫛上文櫛之遠近乃承厥火櫛同堲廣雅作櫛正櫛卽孔所謂正除義疑孔疏所引之管子本作正堲故下曰鄭云折堲者卽是正除之義今注疏本亦作折堲蓋非至管

子與注疏左右手互異或所見本不同或傳寫誤倒
月令養幼少存諸孤鄭注但曰助生氣也未詳其制於
周官慈幼下注云產子三人與之母二人與之餼賈疏
云皆是越語范蠡欲速報吳為此權禮鄭引之者見其
愛幼少之法不必盡如其禮按周先王時比使之保閭
使之受鄰使之救州使之賙所謂大道之行人不獨子
其子必無有棄而不舉者而又閭史書其名司民登其
數王制有常餼門關有委積其所以養之存之之法必
有一定科條特經典未之詳載漢書高帝紀民產子復
勿事二歲師古曰不役使也後漢書章帝紀元和二年

詔曰令云人有産子者復勿算三歲今諸懷妊者賜胎養穀人三斛復其夫勿算一歲著㠯爲令三年春詔曰蓋君人者視民如父母有憯怛之憂有忠和之敎匍匐之救其嬰兒無父母親屬及有子不能養食者稟給如律據此則漢律本有養幼少存諸孤之條幼少卽有子不能養食者諸孤卽無父母親屬者之孤異此與死事之孤異皆官爲稟給帝特申明之意三代時立法必倘有加於漢若越語三人與母二人與餼乃指一產三子及雙生者而言其生丈夫女子不過壺酒犬豚非有常餼賈公彥所謂鄭引越語不必盡如其禮蓋必周時之政視越國之法

有加非轉不及也自常餼廩給之法廢而東漢之季賈彪爲新息長嚴不養子之制民閒乃有賈子賈父之稱遂以王政之常經爲循良之異績矣今育嬰堂之設雖不隸於官而郡邑之好義者爲之則猶有周官比閭州鄉保受賙救之意禮雖先王未之有而可以義起者此夫

內則衣裳綻裂釋文綻或作䘺按後漢書崔寔傳注引此文作䘺說文作袒系部無綻字近儒論元朗釋文多俗字此又其一

樂記天子夾振孔疏引王肅聖證論據家語難鄭馬昭

申鄭孔晁又難馬昭然肅雖有意難鄭如此經分句卻以肅說爲優

檀弓公瞿然失席釋文本又作懼紀具反按漢書東方朔傳於是吳王懼然易容師古曰懼然失守之貌也音居具反後漢書何敞傳由安懼然不敢荅章懷注懼音紀俱反據此是瞿懼字皆有平去二音而玉篇懼字僅有渠句切廣韻九魚十虞皆無懼字則章懷注中俱乃具之誤

南不盡衡山應氏鏞曰南以江與衡山爲限百粵未盡開也杜氏通典謂自嶺而南當唐虞三代爲蠻夷之國

謂之南越以晉隋二書謂交廣屬禹貢揚州之域爲非胡朏明本此作禹貢錐指因謂嶺南虞舜聲教所不及而史遷之所謂南撫交阯韓昌黎詩所謂暫欲繫船韶石下上賓虞舜整冠裾皆不之信閻百詩潛邱劄記中詳辨之且稱朏明歎曰吾書刊矣不及追改奈何予向讀堯典宅南交及禹貢朔南暨聲敎句於胡朏明之說殊有未安然閻氏引詩于疆于理至於南海以爲即嶺南地此說義門讀書記亦同之予竊謂此言伐淮夷事古稱淮多及於海如魯頌言淮夷則云至于海邦此南海亦承淮夷言之無緣遠及於嶺南即春秋楚地雖廣

不瀕於海屈完云寡人處南海子囊云奄征南海亦不過當時口語如四海海內之類非指今之廣州此不足爲確證惟按逸周書王會解云南人至衆皆北嚮孔晁注云南人南越又伊尹爲四方獻令云正南甌鄧桂國蓋卽百越之地據王制鄭注殷承夏衰地狹於周至周公斥大九州復唐虞舊制伊尹於成湯時甌鄧桂國尙服屬貢獻豈唐虞聲教所及轉隘於夏末殷初邪又藝文類聚引太康地記云交州本屬揚州取交阯以爲名虞之南極也又揚雄交州箴曰周公攝祚白雉是獻昭王陵遲周室是亂越裳絕貢荊楚遂叛以上諸條差足

證嶺南於唐虞殷周時皆通中國因悟王制正義引鄭荅臨碩云孟子當赧王之際王制之作復在其後彼時楚方强盛南徼之地爲所隔限聲教不通先王時砥屬所及既不復知而秦王翦南征百越之君事又在後灼知爲周末時人之語而漢博士采之耳應氏之說非是」

投壺鄭注圓者擊鼙釋文其聲下其音榻榻然榻音吐臘反按周官摝鐸鄭注引司馬法曰鼓聲不過閶鼙聲不過闒鐸聲不過琅又史記司馬相如傳上林賦曰鏗鏘鐺鼛文選作鏗鎗闛鞈李善注闛鞈鼓音也毛詩曰擊鼓其鏜字書曰鞨鼓聲闛與鏜鞨與鞈古字通據此

鞨闟磬鞈四字皆通用而榻字有鶴塌近地義亦可借作韡聲之下鶴榻本釋名故陸用之闟釋文吐剛反集韻又音湯與鏜同然司馬法之閶闟即上林賦之闛鞈矣鼓聲不過閶三句今重雕宋本司馬法無之玩文義或當在嚴位篇殆唐以後佚去

重主道也鄭注重既虞而埋之乃後作主春秋傳曰虞主用桑練主用栗孔疏士喪禮云士有重無主此據天子諸侯有主者言之左氏哀十六年傳使貳車反祏于西圃杜注祏藏主石函孔疏少牢饋食大夫之祭禮其祭無主鄭祭法注惟天子諸侯有主禘祫大夫不禘祫

無主耳今孔悝得有主者當時僭爲之鄭駁異義云大夫無主孔悝之反祏所出公之主耳案孔氏姞姓春秋時惟南燕姞姓孔氏仕衛已多世不知本出何國安得有所出公之主知是僭爲之耳此孔本鄭義謂大夫士無主而魏書禮志清河王懌議曰士喪禮亦設重則士有主明矣孔悝反祏載之左史饋食設主著於逸禮大夫及士既得有廟題記祖考何可無主此引孔悝以證大夫有主不用鄭義饋食設主見於逸禮當必有徵而今無考又說文祏宗廟主也周禮有郊宗石室一曰大夫以石爲主按左傳莊十四年典司宗祏注藏主石室

昭十八年使祝史徙主祏於周廟注廟主石函或云石室或云石函而主則要皆用木觀哀十六年得祏於橐中之文似石函近之當是石室內又爲石函公羊傳作僖公主何休注諸侯長一尺則固可以置橐中也至說文大夫以石爲主於禮無考或亦出於逸禮漢時逸禮三十九篇康成以無師說而未注叔重固當見之後逸書逸禮雖皆亡於永嘉而北朝學者或尚有見之之人故清河王懌得據以議禮若惠氏於說文引管子山至篇云云則尚非大夫用石之明證

大學之大當讀太親民之親不當讀親身有所之身當

如字說詳李恕谷塨所著大學辯業中其論格物專指博文六藝鄭君之以格訓來朱子之以物訓事皆所駁正恕谷學出毛西河而論格物則與毛據選注蒼頡篇訓量度又異毛以格物即格其物有本末之物其說蓋本宋人黎氏立武而惠氏士奇大學說亦同之

管子君臣篇書同名車同軌此名即文之確據毛氏四書正事書同文條錢氏經史荅問正名條皆失引此

元陳澔雲莊禮記集說於科舉所用諸經說爲下朱竹垞檢討詆爲兎園冊子納喇侍衛至特作補正以糾之然澔序中固云欲以坦明之說使初學讀之即了其義

可知此書不過爲鄉塾啟蒙之用本非敢與鄭孔抗衡正不必以疏漏病之明洪武時尚不用以試士至永樂中纂修大全始主澔說而以之列於學官此自胡廣諸人之陋當亦非東匯所安耳

儀禮司射猶挾一个注今三耦卒射衆足以知之侯猶挾之者君子不必也侯字賈疏引作矣矣字是喪服苴經大搹左右在下注盈手曰搹搹扼也中人之扼圍九寸左右右字賈疏引作本本字是

士虞禮魚腊爨亞之注爨竈疏周公經爲爨至孔子時爲竈故王孫賈問孔子曰與其媚爲奧甯媚於竈是前

後異名故鄭據後決前也媚爲奥爲字特牲饋食禮主婦視饎爨於西堂下疏仍引作媚於奥按于字古通爲士冠禮字辭宜之于假注于猶爲也聘禮記賄在聘于賄注讀于曰爲而詩作于楚宫作于楚室文選張載注左思賦李善注謝朓詩王融序引詩兩于字皆作爲知唐以前本别有作爲者此論語媚爲奥正同此例釋文於詩於論語均未之出賈公彦所見當作爲特牲饋食禮引作於兩引歧異或是後人所改

繼父同居者傳曰何以期也夫死妻稺子幼子無大功之親與之適人而所適者亦無大功之親所適者以其

貨財爲之築宮廟歲時使之祀焉妻不敢與焉若是則繼父之道也同居則服齊衰期異居則服齊衰三月必嘗同居然後爲異居未嘗同居則不爲異居鄭注妻穉謂年未滿五十子幼謂年十五以下恩雖至親族已絕矣夫不可二此以恩服爾未嘗同居則不服之賈疏未嘗同居則不爲異居謂子初與母往繼父家時或己與繼父皆有大功內親或不爲己築宮廟三者一事闕雖同居亦名不同居繼父全不服之矣竊嘗推尋傳義自緣同居繼父代營宗祀有教養成立之恩故爲之服齊衰期後或繼父有子令前夫之子異居則服齊衰三月

所謂必嘗同居然後爲異居也至未嘗同居則不爲異居乃是母嫁子未隨往或隨往而未嘗教養成立卽轉育於他人者是未有恩親故不爲之服鄭注以恩服爾正體傳義自賈疏過泥其說遂謂三者闕一雖同居亦名不同居然則己或雖有同財大功之內親而人情變遷萬一不能共活或繼父先已有子爲同財大功之內親而亦爲己築宮廟奉先祀其恩遂可置而不問乎凡民亦知其不可矣庶人無廟卽代延香火者亦可由此推之疏說非是顧氏日知錄并傳不之信亦未是又按家語曲禮子貢問篇郲人以同母異父之昆弟死因顏

克而問禮於孔子子曰繼父同居者則異父昆弟從爲之服不同居繼父且猶不服況其子乎此不同居之繼父卽傳所謂未嘗同居則不爲異居者故不爲之服齊衰三月也而同居異父之昆弟從爲之服究無定制檀弓子游曰其大功乎子夏曰魯人則爲之齊衰游夏親受業聖門而所言歧異如此鄭謂親者屬王肅難之肅又謂繼父服齊衰子降一等故大功馬昭張融駁之魏高堂隆以爲同母異父之昆弟異族無屬於禮不當有服卽同居亦當在同爨緦之例無緣大功乃重於外祖父母也其說是矣

姑之子注外兄弟也舅之子注内兄弟也疏云内兄弟者對姑之子云舅子本在不出故得内名也外内兄弟之辨如此今人以内兄弟稱其妻之兄弟誤甚此說前人已引傳長虞陸韓卿諸詩正之而彰彰見於儀禮者轉不之引何邪

陳振孫書錄解題載洪興祖慶善春秋本旨二十卷其序言春秋本無例學者因行事之迹以爲例猶天本無度歷者卽周天之數以爲度又言屬辭比事春秋教也學者獨求於義則其失迂而鑿獨求於例則其失拘而淺觀此數言足盡宋人說春秋之弊按興祖以忤秦檜

貶韶州雖與胡氏安國竝時其說春秋必非胡氏借經義以諷時者比尤非前之孫明復後之趙鵬飛揚啖趙之餘波棄傳從經深文刻論者所能幾及而紹聖開涪陵崔子方彥直所著春秋經解本例例要謂春秋固有例而日月之例蓋其本乃列一十六門而皆以月日時例之當亦非洪氏所許也洪氏之書惜不可見今惟楚詞補注行於世洪氏又有周易古今考異釋疑一卷見宋史藝文志古文孝經序贊一卷見明鄭世子書目今亦不存

左氏紀事與他書違異者孔疏一以左氏爲斷此雖疏

家之例然亦可省異同轇轕之疑略舉數例於此晉趙莊姬傳疏史記又稱有屠岸賈云云妄說不可從后羿自鉏疏夏本紀不言羿浞事是馬遷說之疏也啟蟄而郊疏據傳獻子此言郊天必用周之三月而雜記云正月日至二文不同禮記後人所錄左傳當得其眞尹公佗疏孟子云云姓名略同行義正反不應一人之身有此二行孟子辯士之言或當假爲之詞此傳應是實也苗賁皇曰疏傳言苗賁皇之爲楚語云雍子之爲或邱明傳聞兩說兩記之膳宰屠蒯疏禮記記此事飲酒事同而其言盡别記是傳聞當傳實而記虛也是四國者

疏劉炫舉國語作三城國語是不傳之書何可執以爲眞而攻左氏劉雖有所規未可從也

穀陽豎獻飲于子反疏按呂氏春秋荊共王與晉厲公戰于鄢陵云云與此不同者傳依簡牘本紀彼采傳聞異詞所說旣殊其文亦異凡周秦以後諸子之書所載事實歧互處不過以此例之不必治絲而棼

襄十四年傳瞽爲詩疏引周語云天子聽政公卿至於列士獻詩瞽陳曲韋昭云瞽陳樂曲獻之於王近人校刊明道本國語札記中引表記正義而失引此

其次有立言疏老莊荀孟管晏楊墨孫吳之徒制作子

書屈原宋玉賈逵揚雄馬遷班固以後撰集史傳及制作文章使後世學習皆是立言者也按穎達雖經師而唐書本傳稱其善屬文故其持論肯以文章騷賦列於立言之科異乎後之藉口儒林鄙夷文苑者

昭二十七年傳是無若我何疏引彭仲博云當言是無我若何我母無我當如何我字當在若上子家自漢長平侯師事張禹以治易名著有易傳見冊府元龜而今諸經疏中未傳其隻字此疏所引乃我家經師之僅見者

鄭文夫人姜氏芊氏疏二者共以夫人冠之葢俱是夫

人禮無二適而有兩夫人者當時僭忝不知禮也後世
劉聰三后天元五后乃於此濫觴
哀八年傳何故使我水滋釋文本亦作茲子絲反濁也
字林黑也按說文茲下引此經則玆乃本字水旁爲後
人所加釋文多俗字此亦其一　呂氏春秋謹聽篇觀世
篇兩引太公釣于滋泉竝應作玆
公羊徐彥疏問曰春秋說云孔子欲作春秋卜得陽豫
之卦宋氏云夏殷之卦名也孔子何故不用周易占之
乎荅曰孔子見西狩獲麟知周將亡又見天命有改制
作之意故用夏殷之易矣按儀禮冠禮筮人執筴買疏

引演孔圖卜得陽豫之卦謂大夫卜筮皆不常據一代此殆是也若如徐疏所說則聖人身當周代豫懷貳心棄文王周公之書而信災祥小數乃生今反古爲下而倍之尤者知其說之必不然

漢建初時左氏尙未立學官賈景伯至附會圖讖明漢爲堯後之見於左氏以求道通（見左傳其處者爲劉氏句孔疏後漢書鄭范陳賈傳論注）此在東漢緯學方盛之時欲藉此以興立廢學事或有之獨怪何紹公生當桓靈之閒公羊自西京以來久立於學雖以鄭衆陳元賈逵之言卒不能奪又當時會禁讖緯故康成注周官目孝經緯爲說（見賈疏）而邵公

又遭黨禁廢錮何取乎動引讖緯文致受命之祥如獲
麟注一則曰制作道備當授漢再則曰爲漢作撥亂之
法若媚世之所爲乎况傳稱邵公追述李育意以難二
傳而李育在永平建初間以前世陳元范升更相非折
多引圖讖不據理體於是作難左氏義四十一事邵公
既述育意尤不應多引圖讖與育乖違竊意東漢當桓
靈時傳仲師景伯之業者居多皆習左氏古學而范書
稱黨人既誅其高名善士多坐流廢後遂至忿爭更相
言告亦有私行金貨定蘭臺漆書以求合其私文者必
其時公羊家如戴宏之徒師傳漸微不敵左氏邵公自

序中所謂守文持論敗績失據之過且恐亦有私行金貨以謀奪公羊者故專以申公羊爲己任欲申公羊不得不侈陳符瑞以求當於世主且以壓伏羣儒其用心蓋與景伯之於左氏同時主既不重經而重讖本後漢書章懷注儒者卽假內學以求通非徒習尚蓋有隱衷此蔚宗之論所以爲可悲也晁氏公武但以陋儒阿世病之淺矣始知桓譚尹敏張衡荀悅諸人眞豪傑之士

穀梁傳范甯序石渠分爭之說釋文云漢宣帝時使諸儒講論同異於石渠閣也按漢書劉向傳會初立穀梁春秋徵更生受穀梁講論五經於石渠儒林傳迺召五

經名儒太子太傅蕭望之等大議殿中平公羊穀梁同異各以經處是非時公羊博士嚴彭祖侍郎申輓伊推宋顯穀梁議郎尹更始待詔劉向周慶丁姓並論公羊家多不見從願請內侍郎許廣使者亦並內穀梁家中郎王亥各五人議三十餘事望之等十一人各臣經誼對多從穀梁由是穀梁之學大盛師古注三輔舊事云石渠閣在未央大殿北則所謂大議殿中者卽在此閒范序所云分爭之說卽指公穀兩家並論之事故下文云廢興由於好惡盛衰繼之辯訥也而楊士勛疏乃云分爭者若劉歆欲專立左氏移書太常諸儒不從反爲

排擯陳元上疏論二傳之短亦被喧囂是也此是前漢哀帝後漢光武時欲立左氏學之事於宣帝石渠講論無涉尤與立穀梁之學事無涉是楊氏之誤又楊疏以石渠爲漢之學名亦誤

范甯注穀梁其於傳義未安者輒曰甯未詳且多引異說如曹伯終生卒引徐乾說與其荅薄氏之駮不同至若敗莒師傳引江熙說則直不信傳季友手搏之事此類正范氏之矜慎說經不依傳曲護非若何休墨守公羊至於附會謬誕故晁氏說之晁氏公武黃氏震王氏應麟家氏鉉翁呂氏大圭諸儒皆稱甯注之長而文中

子則已先言之中說天地篇云謂范甯有志於春秋徵聖經而詰衆傳此正明范氏說經之善下又云使范甯不盡美於春秋歆向之罪也春秋之失自歆向始也棄經而任傳蓋九師興而易道微三傳作而春秋散推文中之意雖欲棄傳從經而下仍云神而明之存乎其人必也傳又不可廢也然則文中但不欲人泥三傳以說經非盡排三傳而逞臆見也自陸淳承啖助趙匡之說不信左氏然猶左袒公穀至韓昌黎贈盧仝詩遂有春秋三傳束高閣之語此宋元諸儒廢傳空談之所祖論者皆歸咎於啖趙不知其說實自文中子啣之後乃變

本加厲耳文中子雖非眞本要爲其子福郊福畤所依託究在啖趙之前若以爲阮逸僞造則不然

盧仝春秋摘微見於馬氏通考中興書目而今不存許覬彥周詩話稱玉川子春秋傳僕家舊有之今亡矣詞簡而遠得聖人之意爲多後有深於經而見盧傳者當知退之不妄許人按宋孫明復以後說春秋者多廢三傳惟蘇氏轍作集傳獨主左氏兼取公穀欲矯當時之弊彥周論詩多宗蘇氏而盛稱玉川之傳則與子由所見又違

孝經天之經地之義等句皆左氏傳所載朱子遂以孝

經爲出於漢初左氏未盛行之前毛西河孝經問已引論語克己復禮爲仁出門如見大賓使民如承大祭見於左傳者辨之予又按管子小問篇引己所不欲勿施於人逸周書程典篇引參分天下有其二皆古志遺文非夫子剏言孝經諸句亦是此類而王氏應麟云左氏粗聞闕里緒言每每引用此亦一說毛氏未引

孝經自司馬溫公范蜀公專主古文而朱子刊誤亦用古文本今之論者遂謂自此以後講學家務黜鄭而尊朱不得不黜今文孝經而崇古文釀爲爭端垂數百年以予考之皆後人之失也當日溫公作指解雖主古文

而全載元宗今文注知古今文本無甚殊若朱子則古
文今文均所致疑其作刊誤不過姑據溫公注本非以
古文優於今文而承用之也此元吳氏澂之言雖意主
今文故有此論而朱子之書具在於傳之六章兼用今
文且全書刪去古文二百二十三字此自是朱子一家
之學於今古文兩無偏主後人不詳究朱子義例遽欲
黜廢今文是不但非唐司馬貞所料即朱子而在亦不
以爲韙也
呂氏春秋察微篇引孝經曰高而不危所以長守貴也
至和其民八七句與今文孝經諸侯章一字無異黃東

發云觀此所引然則孝經固古書也予謂周末時所見如此益足解朱子之疑且可證孔壁古文之必無大異說文用古文孝經而尻字下引仲尼居無閒字亦一證毛氏以說文爲本杜林漆書古文此謬說

唐劉知幾立十二驗以證鄭注孝經之僞其第九驗中引後漢史書存於代者有謝承薛瑩司馬彪袁山松等其載鄭注皆無孝經而朱氏經義考據太平御覽引後漢書南城山石室是康成注孝經處以爲范史無其文未知爲袁山松華嶠之書抑薛瑩之書歟夫知幾明言薛瑩袁山松皆無鄭注孝經何又作疑詞蓋朱氏徒以

范書鄭傳章懷注云謝承書不言注孝經但舉謝承未及袁薛故疑其或有而未詳檢知幾元議遂有此失王伯厚以鄭注爲小同作蓋本劉肅康成允孫之說亦未審是否

諫諍章是何言與下俗刊有言之不通也五字此温公指解中語誤入經文王伯厚已言之今注疏本尙不誤而近有刻古文孝經全文者乃仍其誤此非何邵公所謂失其句讀甚可閔笑者邪

孝治章治家者不敢失於臣妾而況於妻子乎可見聖人不以臣妾竝妻子邢昺疏引哀公問尤是確據宋熊禾序董氏鼎孝經大義以司馬貞去閨門一章卒啟元

宗無禮無度之禍此躗言也元宗正以不知重妻子之義故王后廢承謙死麗妃以倡進武楊以寵升若如閨門章比妻子臣妾於百姓徒役正可援爲口實黜陟自由而何廢經啟禍之有

漢藝文志載孝經古孔氏一篇二十二章又載孝經一篇十八章長孫氏江氏后氏翼氏四家又云長孫氏江翁后蒼翼奉張禹各自名家今文皆同惟孔氏壁中古文爲異然則長孫氏亦傳今文孝經亦止十八章明甚而隋經籍志稱長孫有閨門一章此語他書未見未詳所本疑卽劉光伯之徒相承有此說而唐初修隋志因

之後儒遂據此以定閨門章之非僞殊不敢信當更質諸博雅者

光伯僞造書百餘卷送官取賞詳見隋書本傳前人已備論之而明成化閒虞山周木作考定古今孝經節文於閨門章嚴父嚴兄之下擅補猶君長也一句此又光伯之罪人已

鄭康成論語注參合古齊魯三家書定之其校從古論皆有識别見於釋文按儀禮冠禮賈疏云鄭注禮之時以今古二字並之若從今文則今文在經於注內疊出古文若從古文則古文在經注內疊出今文皆逐義强

者從之予謂周官注引故書月令注分古今亦此意而論語注尤明晝可爲注經之法何晏雖兼習諸家而中引孔馬包周之說如孔馬則全乎古文包周則本張侯論參用齊魯今但引其說而不爲分别其經文之同異遂使桓譚所云四百餘字之異文皆無可考惜哉

黃伯思東觀餘論洪适隸釋俱載漢石經論語殘碑記諸家異同之語如而在於蕭牆之內盍毛包周無於又隸釋魯詩殘碑跋云其閒有齊韓字蓋敘二家異同之說猶公羊傳碑所云顏氏論語碑所云盍毛包周之比也可見漢儒於經文諸家同異絲豪必辯如此竊意平

叔之於論語亦倣而分出之則善矣

張禹兼習齊魯善者從之而漢志稱爲魯安昌侯說隋志稱除去問王知道二篇從魯論二十篇爲定後漢包咸周氏竝爲章句康成就魯論張包周之篇考之齊古爲之注其注但標魯論古論之異同而不舉齊論蓋康成所據卽安昌本安昌本雖合齊魯考定而名則但稱魯論故舉魯可以概齊未必在所佚注內

漢石經邦君爲兩君之好何必去父母之邦尙書安定厥邦皆書邦作國洪文惠公云漢人作文不避國諱威宗諱志（按威宗卽漢桓帝洪以避欽宗諱改威）順帝諱保石經皆臨文不

易樊毅碑命守斯邦劉熊碑來臻我邦之類未嘗爲高帝諱也論語邦作國疑漢儒所傳如此予謂禮記緇衣引詩萬國作孚釋文蹇卦正邦云荀陸本作正國亦是經師異本未必緣避諱也野客叢書中論漢人避諱有二條其說互異經義考逸經條中引論語逸篇太平御覽三條說文一條文選注一條皆言玉事遂謂齊論問王篇當爲問玉今按其文不類論語且問王知道二篇安昌侯本早已刪之必非眞聖經此馬端臨說御覽說文選注所引疑是西漢人夏侯勝王駿之屬說論語有美玉之文否則論語緯中語耳非問王篇佚文也又引論語遺句白虎通一條王

制正義一條而儀禮士相見禮賈疏引鄉黨云孔子與君圖事于庭圖事于堂二句則未之采掇

信近於義一章皆有韻文古無四聲復與辱固韻義與禮亦韻也宗古訓尊當有尊音春秋傳伯宗或作伯尊故與親爲韻易林大壯之兌嵩高岱宗峻直且神是其證皇侃本作亦可宗敬也此似涉孔安國注文而誤羨一字

蔡邕正交論曰子夏之門人問交於子張而二子各有聞於夫子然則以交誨也商也寬故告之以拒人師也褊故告之以容眾各從其行而矯之至於仲尼之正教

則汎愛而親仁按梁皇侃義引晉欒肇曰聖人體備賢者或偏以偏師備學不能同也故準其所資而立業焉意亦同蔡較苞氏友交汎交康成偏黨爭卑之說爲優後漢書翟酺傳捐玉堂之盛尊天爵之重章懷注孟子曰公卿大夫人爵也仁義禮智信天爵也此恐是章懷誤引如李雲傳論注引論語古之狂也直今之狂也詐而已矣亦是記憶之誤若張皓王龔傳論引折枝一段與今孟子文小異則是引有刪節與文選注齊右作齊后放踵作致於踵浩然作皓然爲孟子異本者不同楊賜傳文王之囿百里齊宣五里經義雜記已有辨證

爾雅釋宮屋上薄此據明吳元恭本吾友顧千里廣圻重刊者原出宋槧唐石經
作簿錢少詹謂經典無簿字惟孟子有先簿正祭器一
語孫宣公音義云本或作薄則北宋本猶不盡作簿唐
美原神泉詩碑篆書主簿字从艸艸是唐人尚識字予按
後漢种暠傳召署主簿宋本及今汲古閣本皆作薄錢
氏失引而唐石經簿字亦未糾也

日知錄莊嶽一條已見宋費袞梁谿漫志但彼以曹參
傳獄市即是莊嶽未免附會

隋書經籍志載梁黃門郎沈璇集注爾雅十卷釋文梁
有沈旋約之子集衆家之注按梁書沈約傳約有邇言

十卷於子旋不著其注爾雅南史亦稱約撰邇言十卷而於子旋則稱集注邇言行於世則似旋所注者即約所著之邇言隋志有俗說雜說皆稱約撰疑即是邇言非爾雅隋志釋文與梁書南史必有一誤

釋詁隲之爲陞錢氏荅問據書馬融注陰隲義爲證是矣予按集韻隲即陟之重文吳志步隲字子山正取升義

揚之爲續荅問謂立政以揚武王之大烈亦當訓續予按益稷皋陶拜手稽首颺言曰承上作歌來颺古通揚亦是訓續正與下文賡續義一例僞孔傳大言而疾之

訓非是工以納言時而颺之義竝同

潘瀾筆記卷下　　同里後學繆朝荃編校

光緒戊戌東倉書庫刊　　嘉善後學金元烺助梓

讖摩録

讖摩録

一卷

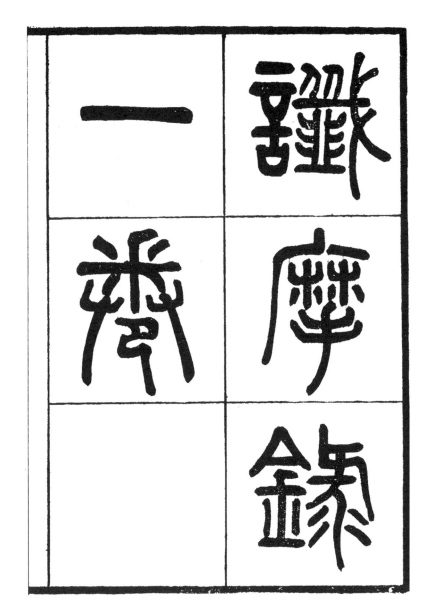

同里後學
繆朝荃校
物洪炳彝
署檢光緒
戊戌東倉
書庫雕版

曰古文人多不護細行昔賢言之以爲瑕玼吾友彭君甘亭文筆遠溯六朝詩出入唐宋諸賢畛域固已海内知名萬流仰鏡矣而其平生絜廉自守門内之行與出而與世醻酢無不造次儒者如前所譏吾知其免乃其詩文著述之外别緝一編自題曰懺摩録生前未始出以示人相昵如余輩亦未知其有是編也没後其弟得於牛篋中爲菊船刺史所見遂急付之梓菊船前攝太倉州事以君名應孝廉方正者也君有辭謝之書今附刻其後君之謙約退讓刺史之貪賢樂善可謂兩得之者此編之名疑若内修梵行而其中刻苦淬厲自矢自

訟皆吾儒身心平實之學觀其荅刺史之書亦可以知其大槩矣夫儒者之學在於毋自欺釋氏之學歸於眞實語儒墨必相爲用此昌黎絕識非王介甫所知也余於是編亦云嗚呼甘亭已矣世之知君者亦不過文人目之刺史之刻是編也非獨以發幽闡微亦庸以告世之以文人自命者邪以余獲私於甘亭屬爲之序吴江

郭麐

從來賢士守身不輕竿牘得人佐治輒賁旌旟故陽鱎嗤於宓子而良馬枉於浚郊體斯意者上下得其分也昨刺史遜懷許公乃來以名孝廉起家來典州郡塗歌

樂只戸誦德音與甘亭彭君申道誼之交結水乳之契蓋在下車以前而非自式閭伊始甘亭小謨觴館集久經刊行惟懺摩錄一卷晚年身心得力之處祕不示人刺史訪而得之謂是六經註腳三省禔躬言皆庸言理悉至理不墮虛元不襲糟粕登諸棃棗洵爲可傳蓋猶李藩侍郎捘輯長吉遺書之意梓竣以雲璈素稔甘亭例得一言承命之下黽勉措筆謹誌厚誼且慰故人也

道光紀元孟冬三日叔溫楊雲璈拜撰

吾友鎮洋彭子甘亭少爲閎覽博物之學至晚而悔之嘉慶壬申之春因讀其鄉先生黃公陶菴日記憬然有

省遂作懺摩錄詳見於自敘中其時嘗以書見諗而椿亦於是冬重刊近思錄以告彭子然未及見其書也彭子客游常在外蹤迹不相值己卯三月乃始得遇於吳門寓舍讀其書而亟善之嫌其多襍釋氏語頗以獻疑予歸未幾彭子手書是冊見餉則向所疑者大半刪黜其所存者蓋權詞以證吾道之廣大意殊不欲相侵襍也今春方約再會以講所學而彭子遂於入正五日告逝矣嗚呼自今以往予之過失曷規而德業曷進邪友朋之有疑者其孰與質邪華亭張州判應時方彙刊諸儒先粹言因出此書畀之以質海內知彭子者且明彭

子所以引用佛書之故使後之陽儒陰釋者不得而託焉婁縣姚椿識

是書依吾鄉郤氏棣香齋叢書及常熟顧氏小石山房叢書刊本此郭序見靈芬館雜著楊序見來錫樓稿姚序見晚學齋文集許張兩刊本則均未之見也

朝荃附識

昔朱子讀書一邊於册子上做工夫一邊於身心上做工夫我生四十四年矣小時讀書尚不至愚暗而一誤於科舉俗學再誤於記問詞章三誤於訓詁考據回憶數十年中拋心力費時日形神交敝而於聖賢大道茫乎未有得也此眞夫子所謂四十無聞四十見惡者静言思之通身汗下今年正月十四日過同里楊君叔溫齋譚次以嘉定黄忠節公日記見示假歸讀之其省察克治之密有梵行之精純而非虛無寂滅之謂守儒宗之軌範而無道學門戶之分有體有用要歸於静存動察篤實踐履而已即無殉節一事已是聖賢中人後生

末學且敬且愧因手書一冊日置座右以爲嚴師自今以後務當猛省回頭於身心上加功勿再因循玩愒如先生所謂懴㦬一場到臘月三十日須是無可如何時也佛家云懺摩即吾儒云悔過因以鄙見所及或儒先緒論於吾心尤契合者質直言之拉雜書之都爲一編以爲提撕警覺改過自新之一助不更墮文字障中矣

嘉慶十七年壬申二月朔日廿亭居士書

懺摩錄

鎮洋彭兆蓀甘亭著

向來大誤將讀書作文與修心行已畫成兩截故學問詞章皆逐末而忘本今且就日用粗迹上檢點收拾再鞭辟到細微處所謂小學爲做人樣子近思錄爲入聖階梯此千古學人之凖

做人第一要打得貧賤關過見人富貴而不起歆羨心忮求心尙易見貧賤而不起怨憤心亦易所難者處至貧極賤之時而無憂慮心營逐心則非素有定力者不能直須鐵錚錚豎起脊梁如婦人守志一般刻刻存餓

死事小失節事大意思如扎硬寨打死仗光景一切得喪俱付諸度外我自有一定道理在此即孔子所謂造次顛沛必於是孟子所謂無以饑渴之害爲心害乃人禽第一關頭請看世人失足學人改節大半是從怕貧怕賤上來能過此關則入道有基矣

怕貧比怕賤爲難貧是饑凍切身的事若怕賤不過是不安命之故只消中人姿質便知熱中躁進之爲非不足爲異

細思不怕窮三字亦甚難假如旣無恆產又無恆業全家衣食不周凍餓交至必令人人學夫子在陳弦歌不

輟亦豈易言故恆產不必有而恆業不可無聖人言謀道不謀食魯齋言學者以治生爲急其理實兩不相悖也

以恆業餬口便是素貧賤行乎貧賤道理與不受命而貨殖不同貨殖便有求利意思若恆業餬口不過是免死而已如士人傭書農工食力皆是此外略有絲毫妄求卽非素位卽非居易

恆業亦有失業時此則全要看得命字透飲啄有定求之不來卻之不去惟盡我分内所當爲而待其自至鑽營希冀非也委心任運亦非也

我病在貪口腹我病在多言語我病在好名好勝我病在喜逸惡勞我病在褊衷疾惡我病在推諉自全我病在多妄念雜念我病在多冥想非非想我病在黏滯不灑脫我病在急遽不安詳我病在疏忽遺忘我病在進銳退速我病在忽明忽昧我病在畏首畏尾凡此諸病自今宜一一藥之能改一樣便是進一步雖然未易言未易言

身惡自省或無有意惡則不免雖時萌即剷去然有星星火在恐終不免燃著便燒切戒切戒

人不可一日不做事如料理家務應酬賓客讀書著述

及尋常一切瑣碎行住坐臥其間皆有一定分寸一定道理要處處提撕件件詳審能否合理無誤若只浮游孟浪過去便是白過一日上負父母生育下慚人世供養惡乎可哉

向來只道耽空守寂便近道今乃知全不在此必也處千軍萬馬隊中守得定立得住與閉目垂簾一樣方是眞正有得難哉難哉

從古無閉門絕物的聖賢亦無喜事生風的儒者

臨事而此心易於縱舍或動於利害或動於毀譽計較之心生理欲之念雜總是涵養不到見理不透克治不

嚴之故若大聖大賢此心如皎鏡高懸物來畢照物去
即空無妄排亦無留戀是何等境界
人必不爲時俗愛憎毀譽所動則此心方定心定然後
可言學
家庭骨肉間只當論恩義不當論是非一較是非則有
彼我之見而爭心生矣
靈狐學仙先須修到人身已費一半工夫然則人之學
仙事半工倍而轉不如靈狐者狐志專而人志雜也猶
之饑寒之人謀生且不暇何暇學道若人衣食充足無
求於世則已省卻一半心思然往往富人轉不如貧人

之近道者則孟子生於憂患死於安樂之說也
緩急人所時有如實在爲境所迫不得不仰資於親戚朋友在周急者固屬君子而受之者亦未傷廉必學餓者之卻黔敖鮑焦之棄蔬立槁亦非中庸之道然必要萬不獲已而偶出此方爲合理若平日自放自豪不勤不儉甚至飲博浪費隨得即空而乃徒以借貸干求爲事此無論取辱取憎斷難持久即使所求輒遂而反躬自省能無顔變愧生乎此是放縱一流人自問或不至此然周之則受與小人懷惠其勢相似而理實天淵通財振乏與盡歡竭忠其事相因而事則胥壞不得不深

切著明之

三代以後偉人如陶公乞食顏魯公乞米求助之事賢者不免然如王修齡甯向謝仁祖求食不索陶烏程米此意要想又如閔仲叔不以豬肝累安邑此意要想又如陶公受人一飯至欲以冥報相貽此意要想崔子玉座右銘云施人愼勿念受人愼勿忘庶乎兩得之矣

節儉近於鄙吝仗義近於市恩剛直近於麤疏謹愼近於畏葸和藹近於媚悅謙恭近於諂屈靜默近於陰重高曠近於放佚寬容近於委靡渾厚近於糊塗方嚴近於乖戾恬退近於苟安仁愛近於姑息果斷近於峭刻

凡此等處界限失之毫釐繆以千里能自知之卽知人無難矣

王含谿河帥嘗語我前輩格言四句云調和怒裏氣謹愼喜中言斟酌醉後酒愛惜有時錢此皆從麤處提掇要之細處工夫亦可類推

孟子所言羞惡之心是非之心皆是鞭辟在裏面羞惡不是悻悻自好是非不是斷斷爭辯此等處最易錯認

朱子曰天地一無所爲只以生物爲事人念念在利濟便是天地了也愚謂利濟二字最包得廣小而家庭鄉黨大而天下國家隨時隨地隨分隨力皆可行之不係

窮達不係貧富不係遠近不係親疏凡遇一事待一人處置得亭亭當當務使心安理得而絕去其自私自便之心便是利濟便是仁仁則與天地合德矣

康節先生當新法用時門生故友有欲投劾去者先生曰新法固嚴能寬一分則民受一分之賜矣投劾何益此等見解乃是常存利濟以天地爲心者故知身處事中而高言肥遯卽非中道隱逸二字原是儒者不得已而出此萬不可以此自高自喜

幼小時飛揚跳蕩被英雄二字誤了少壯時咬文嚼字又被名士二字誤了實則英雄名士四字本係極好而

向皆誤認只此兩誤已虛卻半生若夫世間卑污苟賤游蕩淫佚機械變詐作奸犯科則固自信無之不足道也

世間儘有學問精博文章淹雅而其居心行事全與聖賢大道剌謬者此先儒所謂但於書冊上用工夫之故如劉歆馬融輩其學問文章適足爲累耳我生平取友自信略有權衡以爲與其交讀破萬卷之傾邪士甯交不識一字之端謹人

講考據便啟紛爭聚訟之端講詞章便染標榜聲華之習要知考據不過讀書細心詞章不過自言所得以之

潛修密課則隨處益人以之炫世釣名則觸地挂碍諸葛公一生本領在澹泊甯靜而臨事則集思廣益學問之道亦然獨學無友則孤陋寡聞講習之事斷不可少此處取友又須略寬如東漢趙岐心鄙馬季長而因讀周官二義不適一往造之此即廣益之道亦不以人廢言之謂

幼時見老輩課子弟於經書喜講性理於時藝則專講法脈案頭書籍尙有小學內外篇四子近思錄二程遺書朱子全集之類近今二十年來風氣全變子弟初學即以矜奇炫博詞藻才華爲主見有講性理談法脈者

鮮不迂笑之而坊間書賈凡程朱之書目爲道學一種視之至輕其相尚而爭取者則皆講漢學論六書及異本僻書之類名爲復古以矯空疏之弊而静騐人心風俗較之幼時所見老輩多有不及無過之者此可見宋儒之學斷不可少其侈口康成叔重以經師自居與抗言相如子雲以詞賦自命者大都矜心客氣逐末忘本前輩樸誠澹實之風去之漸遠以之弋名則有餘而以之立品則不足向來志趣亦不免爲習俗所移今乃决然知所嚮往且質之二三同志未可遽爲外人道也考據家考訂名物字義固有遠過宋儒者及論道理則

動多乖舛曾聞鄉先生精考據者有言宋儒之書連篇累牘數日可成若覃研考證非積累不能此葢其生平未曾於格致誠正上用工夫故以宋儒讀書窮理身體力行積累有得之言看得容易我往時亦以鄉先生之言爲然今於宋儒之學略有入頭漸知其工夫斷非考據家可及此即以我觀書以書博我之辨

梁何遠語人卿能得我一妄語當謝一縑宋司馬溫公自受母教即終身無妄語此一端於儒者造詣甚麤淺御甚要緊人若不能絕妄語先已是無忠信無忠信便是欺詐其品已入下下等安論其他

人心於靜時固要操存然又不可用力捉住一用力則必涉於强制墮於頑空矣朱子略綽提撕四字最好即此便是主敬便是存心

凡人在世上須無爾我無彼此無諂無驕無憎愛無嫉妒無貪嗔及一切大小善惡境界此心總要放著平平地如大學人之其所親愛而辟焉五句便是不平等如何修身見聖

朱子曰自家猶不能快自家意如何要人快我的意又曰大丈夫當容人勿爲人所容從古聖賢未有不能懲忿而能近道者也

人到白刃可蹈地位其根本卻從戒懼中來戒懼是修身之本修身必明理明理則志定志定則氣剛故謙卑遜順之醇儒可作舍生取義之烈士若平時意氣自令者臨大事轉不足恃爲其虛憍之習深而涵養之無素也須如光武見小敵怯見大敵勇方好聖人言忿思難又言見危授命正是一鼻孔出氣人

陳膚仲以家事叢委妨於學問爲憂朱子荅以只此便是用功實地但每事看得道理不令容易放過更於其間見得平日病痛痛加翦除則爲學之道何以加此若起一脫去之心生一排遣之念則事理卻成兩截讀書

亦無所用處矣愚案此論與科舉妨實學不知曾妨飲食否一段議論相發總之在在有道在在有學無動靜忙閒行止出處之判

朱子言天下事誰被你算得盡今人須要計較到有利無害處所以人欲愈熾而天理愈滅程子門人有居太學而欲歸應鄉舉者問其故曰蔡人尠習禮記決科之利也先生曰汝之是心已不可入堯舜之道矣又言譬如秀才赴試有一人先得試官題目將出來賣只要三兩貫錢人定是去買惟到這裏見得破方是有學力以上諸說平心靜體返躬自驗我知免矣

讀聖賢書據吾所見而爲文以應之得失利害置之度外此朱子教人應舉之法雖使聖人生今之世而應科舉其道亦不過如此

人於親在時自應兼存毛義捧檄之心若親亡後不妨獨守康成戒子之法

人家子弟幼儀斷不可不講子夏灑埽應對進退孟子爲長者折枝（用趙岐注）皆是服勞之義西漢之萬石君東漢之太邱長家法俱在後人以跌蕩通脫相高而此風熄矣我目中所見鄉黨中竟有父兄命而子弟不應父兄立而子弟安坐者此等處不講則惰慢之習積而爲故

僻甚而爲陵犯所謂涓涓不絕將成江河也曲禮內則少儀及管子弟子職宜刻刻以此提撕儆省

倜儻權奇四字子弟之英俊者最易犯所謂泛駕跅弛之類須知此不是好字面觀馬文淵與兄子書願效伯高毋效季良眞能讀論語弟子章者

拒美色於暗室不爲難拒之而能泯其跡爲難一則全其恥心一則免其反誣也揮遺金於道左不爲難揮之而能善其歸爲難一則恐他人拾藏一則防小人冒認也

人於遊覽時存得曾點風雩意思何必終日閉門人於

讀書時學得老僧壁畫西廂何必盡燒稗乘

古無有體無用之學故經濟之書不可不講然其言卻斷不可過泥從來有治人無治法移步換形情勢迥殊良醫無印板成方良臣無印板經濟

人性或麤暴或疲輭或矜高或放肆總是氣質之病讀書而不能化其氣質雖多亦奚以爲

嚴著此心以拒外誘須如一團烈火遇物即燒寬著此心以待同羣須如一片春陽無人不暖

程子曰今人不會讀書如讀論語未讀時是此等人讀了後又是此等人便是不會讀王伯厚曰呂成公讀躬

自厚而薄責於人遂終身無暴怒陸象山讀康誥有感悟反己切責若無所容斯爲眞讀書人

學問至精進時常覺得自視欿然便是功效不但立身行己即讀經史作詩文功益深則心益虚學然後知不足眞過來人語世之沾沾自喜詡詡自負者我雖不敢斥其非而心竊憂其不進也

吾鄉陸道威先生思辨錄中有分年讀書法自五歲至十五歲十年誦讀以後十年講貫十年涉獵至三十五而學成便當應世眞不磨之論其論讀經則後學不能無小異同竊謂十三經中如毛詩三禮三傳均當以注

疏爲主尚書則孔傳雖僞而疏中所引馬鄭諸說有必當據依者蔡傳儘有好處參看之思過半矣易經最難王弼注頗佳惟不講象數朱子本義其主意只在略說所謂多一條骨子恐障一條光明斯言良是然初學究難理會程傳但說人事似較親切李氏集解所載康成荀爽虞翻諸家其取象有極精者亦須參看若惠氏所輯易漢學且存而弗論可也趙岐孟子注何晏論語注亦多可採爾雅郭注頗平常論孟諸疏皆空衍略涉可矣音義必以釋文爲主而間參以宋儒通志堂經解隨時參看孝經究宜以今文爲勝朱子刊誤御本敢以爲是

幼時習舉業四書易詩只讀朱子章句集注本義集傳書用蔡傳禮用陳澔集說春秋用胡傳閒取注疏及諸家言錄百之一於上下方係隨手批注中多鹵莽漏略且不免輕議宋儒各書朱墨錯雜今猶具在本無足道者惟願我家後人見之知我幼時頗能用工而學識未到存之以爲塾中課本而已若云經術則了不足言

史漢甚難讀我曩時曾以何義門校本一一手寫又以諸本參對丹黃數遍而其中句讀字義難明者甚多又生平於天文歷律之學全然不知竟是性所不近非盡畏難苟安之過小學必以說文玉篇爲主

三國志晉書南北朝諸史新唐書遼金二史皆首尾閱訖至宋史元史則竟未徧閱隨意翻擷而已通鑑讀過數次朱子綱目胡三省注亦曾尋繹諸書少時均有手節本字劣紙渝十不存一又苦記性不佳不免開卷了然掩卷茫然之歎
周秦漢魏諸子書全在抉擇有極精者有極謬者有瑕瑜不掩者能知去取則爲益而不爲累矣
少時大病在看雜書多如津逮祕書唐宋叢書百川學海稗海說郛之類不知費卻許多時日而經史正學轉致抛荒大誤大誤

文選只要李善注五臣竟不必看鄱陽胡果泉漕督在蘇藩任時重刊湻熙本爲第一此我所手校幸得顧君千里助我者元張伯顏本次之若無二書則何校汲古閣本尚可

陶集李杜詩不可不全讀昌黎香山義山東坡放翁遺山諸集亦須全看守此數家合爲一鑪之冶作詩不患不工

小時喜學古文唐人中尤好子厚後乃深知其難去而作排偶文字此則眞畏難苟安也

讀書愛博覽最壞事近思錄所謂看一般未了又要一

般都不濟事此我生平受病最深處
所以要讀書爲明理也所以要明理爲做人也做人是
主讀書是賓今人都把來倒置了如識得賓主則雖記
一字一句亦有用否則讀盡世間書何益
達而在上實能致君澤民功德遠大雖自奉稍過如寇
萊公之蠟淚成堆君子能曲恕之倘不過小廉曲謹而
於民瘼國計無裨雖儉約過人如公孫宏之脱粟布被
君子不深韙之明道先生曰一命之士苟存心於愛物
於人必有所濟由此言觀之居高位者當奮然興矣
浮榮二字最易看破幼時隨先君子任所雖山僻小邑

亦聞有張樂設飲之事每當搭臺演劇時便欣然有春生之氣到拆臺時便淒然有秋肅之氣覺得人生榮華落寞如春秋迭代不過刹那間事無可戀亦無可慮年十二三時恍然有悟於世無不散的筵席一句早已勘破此關其實此等見解極粗淺不足道我所難者在名根色根利欲根推勘到極細處都要淨盡如太空之無片雲方成一了事丈夫不在區區恬淡也

權字只得聖人可說我輩舍經字更無可託足吾鄉王敬美先生望崖錄云非有壁立萬仞根基何處下圓活手段不能爲鳩摩羅什吞鍼而欲學其蓄室未有不敗

者也

眞道學必無門戶彼此之辨招人翕從眞高僧必無福田利益之談聳人信奉

爲學而分心利祿是皆俗儒爲學而不達事理是爲腐儒俗儒腐儒固不可爲腐儒亦有何用

克伐怨欲斷不可有制之務拔其根喜怒哀樂勢不能無用之貴得其當

我篤信聖道而獨不喜與應舉諸生談經義尤不喜與高官腐儒講理學我兼信佛道而獨不喜與豎拂釋子參機鋒尤不喜與涸俗沙門作檀越我又信仙道而獨

不喜與挾術黄冠論符籙尤不喜與遊方羽士說丹鑪
尚書云絕地天通論語云敬鬼神而遠之質旁臨上只
在寸心噓雨呼風便成妖妄青天白日中豈可與幽冥
酬荅邪故師巫外道及扶乩降仙一輩全在魔境要去
之惟恐不速
少年不患其不曉事而患其太曉事不曉事而糊塗尚
有覺悟之期太曉事而尖薄永無進德之日矣
事有不得不處置一番者只要細心審度於天理人情
兩無背礙便徑行之至意外利害則不必過慮聽之天
命而已

惡念易絕而欲念難絕屢懺而不悔即惡矣豈必陰鷙狡詭貪嗔嫉妒而惡念乎

人之好爲高論者必有爭心好爲苛論者必非長德我惟守之以默而仍待之以誠亦止競息喧之一道也

千古聖賢豪傑無不從拂逆境界中來天之所以玉成之者在此人之所以自驗其學力者亦在此善乎顧氏亭林之言曰內文明而外柔順其文王之困而亨者乎不怨天不尤人下學而上達其孔子之困而亨者乎故在陳之厄弦歌之志顏淵知之而子路子貢則未足以達此也故曰困德之辨也夫易六十四卦凡言貞者有

吉有凶而凡言厲者皆得終吉无咎可知人事之來賢者不能皆吉而方寸之地常存敬畏便可逐福弭菑危者使平易者使傾此天人感應之理萬古不磨之論

與人同事而分均才埒尤當虛己和衷開誠共濟一有見長爭勝之心則損德招尤百弊叢集故易曰雖旬无咎過旬災也

吾人學道且就日用尋常動靜語默上理會工夫到後自然上達不必高語性天侈談陰陽太極致墮入元妙窟裏我於宋元諸儒書外尤愛明呂新吾呻吟語劉蕺山人譜二書爲其不語精微多言實踐最足爲下學津

梁也

學道先須窮理窮理全在讀書漢唐宋儒者說經各有利病大約名物實際必藉先儒義理精深要歸宋學我惟擇善而從無所偏主以求裨益我身心而已斷斷於漢學宋學之辨者皆所不必

輕易著述最是學人大病我少壯以來除文賦詩詞外尚有經歧臆案潘瀾筆記諸種不過瑣屑攷據無關宏旨然積累卅年刪而又刪僅得此區區而中間尚有前人已言及立論未安處總未敢自信徒疲心力而已始知著書求名不如潛修守約爲得

世之輕言著作者總由學問不深若深則幾句說話落筆便難世之好言雜博者總由見理不細若細則一部四書終身誰透

光緒戊戌東倉書庫刊

光州後學吳鏡沆助梓

懺摩錄

同里後學繆朝荃編校

與許鞠禪刺史書

自隔韜沂六圖蟾彩側聞仁風惠問徧滿鄉闗佛號神君騰聲萬口海隅蒼赤延頸而望福星日夜忻翹禱祈無量比惟禔躬納豫眷愛咸宜兆蓀衰憊孱軀眠食託庇無恙近歸里舍鄉黨過從始得細悉閣下濫采虛聲欲以賤名登諸賢科之列慙感兢恧疏仄靡涯竊伏自思有斷不敢居者一萬不能就者二請爲執事陳之兆蓀幼承庭蔭生長綺紈壯作鮮民奔走衣食存無一日之養沒無五鼎之供大杖小杖幸免譴訶用力用勞曾無毫末寸心負疚百歲銜悲豈可叨竊孝名重增罪過

至於生平交際雖未至苟賤妄營然仲叔猪肝之累晏嬰金粟之分假鮑子之財乞淵明之食貧辛往事僂指多端較之前賢勵節簞瓢矢心冰檗相提並論實判霄鑪以此稱廉汗顏無地若夫少年意氣亦近疏狂酒座歡場不無跌宕名姬妍孌之作見諸集中雖都託空言原無實際而有涉篇什終屬疵瑕方正之名何容濫玷此斷不敢居者一也又伏自念

朝廷德意固在旌賢而官府文書例需筆費由縣學以至大府層壘而上所費繁多懸罄之家糧無隔宿胥呼吏索其何以堪勢必廣累親朋多方規畫古有走馬應

不求聞達科之嘲今稱貸而爲孝廉方正干秋笑柄事異情同稍有人心必所不顧此萬不能就者一也且尫羸衰體久謝交游隨緣挂單跡如老衲衣冠則昌披了鳥面目則野鹿山麋一登薦書便當摳謁當事腳韡手版不異應官攢眉折腰轉增勞瑣强林猿以纓紱饗爰居以鼓鐘必將畏而思逃斷難忍而從事此萬不能就者二也初聞另舉楊君雲璈名實足副兆蓀幸得脫然今楊君又復堅辭苦以相讓此間人士大率仰承尊指附和翕然繫鈴解鈴仍仗公祖用敢瀝誠敬布伏冀寓書縣宰或札致邑紳鑒其鄙忱寢此前議則佩荷大德

永矢勿諼春風尙寒千萬珍護臨書悚切伏惟垂詧不
戩

許菊禪刺史懺摩錄刊本此書附後見郭頻伽上舍
序今從婁水文徵補入朝荃竝識